Prozentrechnung

5

5.1 Prozentbegriff

① Die **Royals TV Saarlouis**, ein erstklassiger Basketballverein, sucht neue Mitspielerinnen.
Bei einem Auswahltest müssen die Bewerberinnen aus einer Entfernung von 4,60 m bei einem Freiwurf in den Basketballkorb treffen.

Die Bewerberin, die die beste Trefferquote hat, wird zum Probetraining eingeladen.

- Gib die Trefferanteile als Bruch an.

Spielerin Kira hat bei 50 Versuchen 43 Treffer.	$\frac{\square}{\square}$
Spielerin Sandra hat bei 100 Versuchen 82 Treffer.	$\frac{\square}{\square}$
Spielerin Laura hat bei 25 Versuchen 22 Treffer.	$\frac{\square}{\square}$

Der schlaue Peter meint: *„Das ist doch ganz einfach. Wer die meisten Treffer erzielt hat wird zum Probetraining eingeladen“.*

- Wie ordnet er die erzielten Treffer? ☐ > ☐ > ☐

② Um herauszufinden, wer die beste Trefferquote hat, macht Maxi Mathematikus einen Vorschlag:

– *„Man darf nicht die erzielten Treffer miteinander vergleichen, da die Anzahl der Versuche unterschiedlich ist“.*
– *„Stellen wir uns doch vor, alle Spielerinnen hätten 100 Versuche gehabt. Mit wie vielen Treffern wäre dann jeweils zu rechnen?“*

- Überlege. Die Tabelle soll dir dabei helfen. Ergänze.

Kira		
Treffer	43	
Versuche	50	100

$\frac{\square}{\square}$

Sandra	
Treffer	82
Versuche	100

$\frac{82}{100}$

Laura		
Treffer	22	
Versuche	25	100

$\frac{\square}{\square}$

③ Sandra hat bei ihren 100 Versuchen insgesamt 82 Treffer erzielt. Ihr Trefferanteil lässt sich unterschiedlich beschreiben.

- Ergänze die unterschiedlichen Schreibweisen. Orientiere dich am Notizblock auf der nächsten Seite.

Hundertstelbruch	Dezimalzahl	Prozentsatz
$\frac{\square}{\square}$		

④ a) Schreibe die Trefferanteile von Kira, Sandra und Laura als Prozentsätze.

Kira: ____ %

Sandra: ____ %

Laura: ____ %

b) Wer wird zum Probetraining eingeladen?

____

Prozentschreibweise

Für Brüche mit dem Nenner 100 verwenden wir die Prozentschreibweise.

$\frac{1}{100}$ = 1% (1 Prozent)

$\frac{82}{100}$ = 82% (82 Prozent)

$\frac{100}{100}$ = 100% (100 Prozent)

82% Die Zahl 82 nennt man die ______________ .

Die Schreibweise 82% heißt ______________ .

⑤ **Zur Geschichte der Prozentschreibweise**

Schon im Mittelalter verwendeten italienische Kaufleute die Prozentschreibweise.

Das Wort Prozent stammt vom italienischen

"pro **cento**"

ab und bedeutet so viel wie „von Hundert". Die Abbildung unten zeigt, wie sich die Schreibweise für das Prozentzeichen im Laufe der Jahre verändert hat.

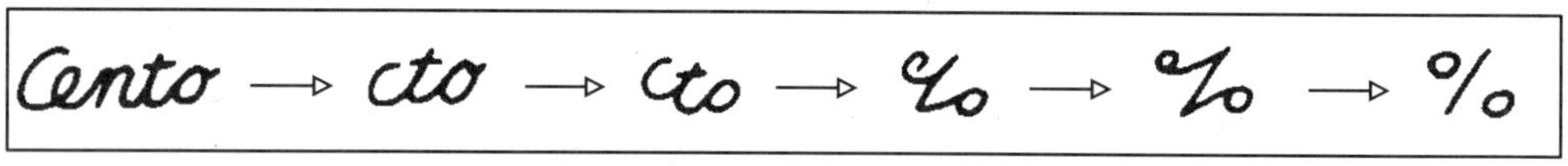

1. Du findest häufig in deiner Umwelt Angaben in Prozent. Welche Informationen werden dem Betrachter dieser drei Bilder gegeben?

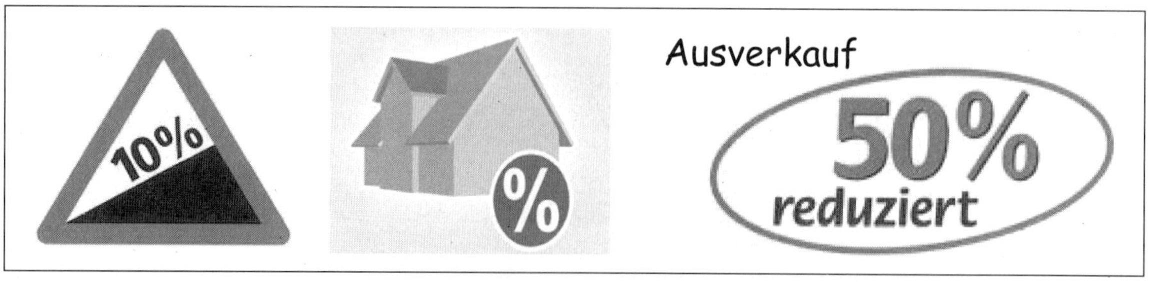

2. Schau dir die Bilder an und überprüfe, ob die Aussagen richtig (r) oder falsch (f) sind. Kreuze an.

1% Zinsen pro Jahr

Aussage	r	f
Für 100 Euro gibt es im Jahr einen Euro Zinsen.		
10.000 Euro bringen im Jahr zehn Euro Zinsen.		
Beim Kauf eines Neuwagens kann man bis zu einem Viertel des Preises sparen.		
Bei einem Neuwagenpreis von 20.000 Euro kann man über 6.000 Euro sparen.		
In einem 50 g Becher Fruchtzwerg sind 12,8 g Zucker enthalten.		
Der Zuckeranteil bei Fruchtzwergen ist größer als ein Zehntel ihres Gesamtgewichts.		

3. Wandle die Hundertstelbrüche in die Prozentschreibweise um.

a) $\frac{60}{100}$ = %	b) $\frac{45}{100}$ = %	c) $\frac{9}{100}$ = %
d) $\frac{93}{100}$ = %	e) $\frac{5}{100}$ = %	f) $\frac{1}{100}$ = %
g) $\frac{5}{100}$ = %	h) $\frac{100}{100}$ = %	i) $\frac{60}{100}$ = %

4. Wandle die Hundertstelbrüche in die Prozentschreibweise um.

a) $\frac{18}{100}$ = % b) $\frac{29}{100}$ = % c) $\frac{71}{100}$ = %

d) $\frac{99}{100}$ = % e) $\frac{34}{100}$ = % f) $\frac{56}{100}$ = %

g) $\frac{27}{100}$ = % h) $\frac{69}{100}$ = % i) $\frac{47}{100}$ = %

5. Schreibe die Prozentangaben als Hundertstelbrüche.

a) 17% = ——	b) 29% = ——	c) 1% = ——
d) 81% = ——	e) 9% = ——	f) 100% = ——

6. Schreibe als Hundertstelbruch.

a) 21% = ——	b) 7% = ——	c) 19% = ——
d) 63% = ——	e) 23% = ——	f) 77% = ——
g) 38% = ——	h) 79% = ——	i) 54% = ——

7. Schreibe als Hundertstelbruch und als Prozent.

Beispiel: $0{,}26 = \frac{26}{100} = 26\%$

a) 0,08 = b) 0,82 =

c) 0,91 = d) 0,45 =

e) 0,67 = f) 0,31 =

8. Schreibe als Hundertstelbruch und als Prozent.

Beispiel: $0{,}17 = \frac{17}{100} = 17\%$

a) 0,09 = —— = %	b) 0,03 = —— = %
c) 0,01 = —— = %	d) 0,19 = —— = %
e) 0,49 = —— = %	f) 0,78 = —— = %
g) 0,57 = —— = %	h) 0,41 = —— = %
i) 0,28 = —— = %	j) 0,07 = —— = %

9. Ergänze.

$\frac{29}{100}$			$\frac{53}{100}$	$\frac{71}{100}$		$\frac{19}{100}$		
		0,83			0,97			
	37%						39%	41%

10. Male die Luftballons mit gleichen Werten in derselben Farbe aus.

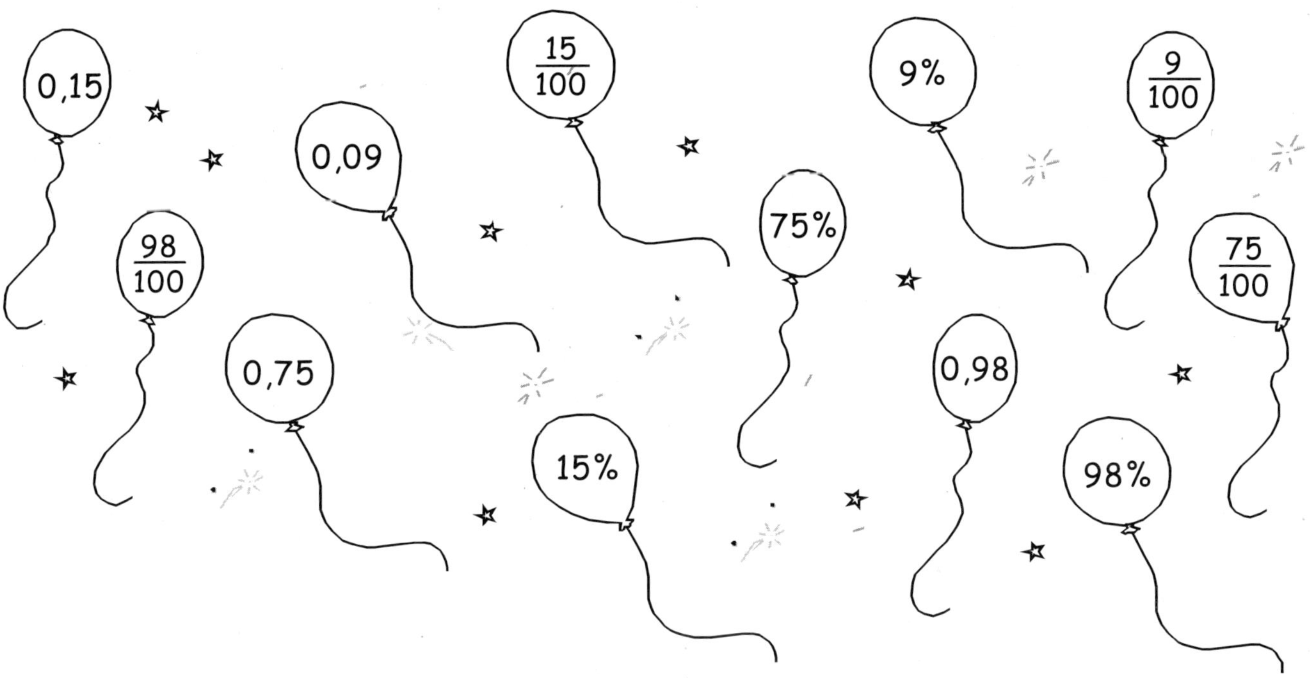

5.2 Prozentsätze

Besondere Prozentsätze

Eine Reihe von gebräuchlichen Dezimalzahlen kannst du bereits ohne lange zu überlegen als Bruch angeben. Zu diesen Dezimalzahlen gehören auch bequeme Prozentsätze.

- Vervollständige die folgende Übersicht bequemer Prozentsätze und lerne sie auswendig.

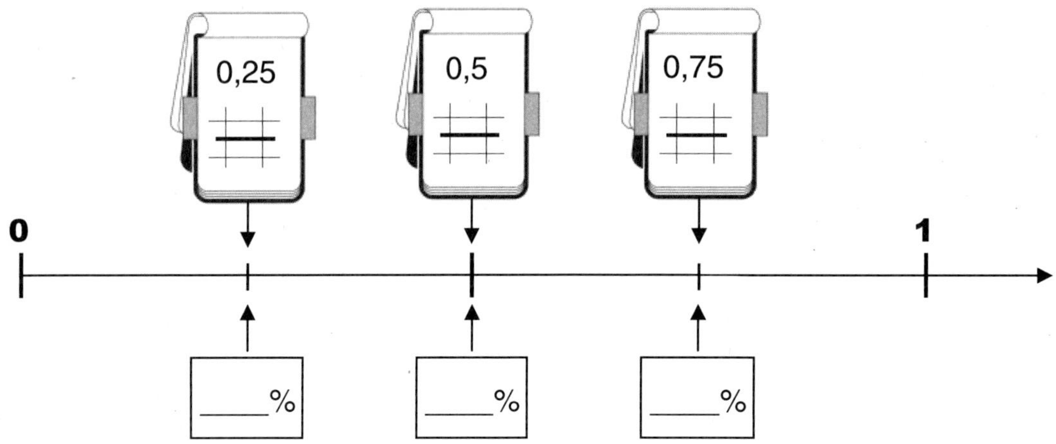

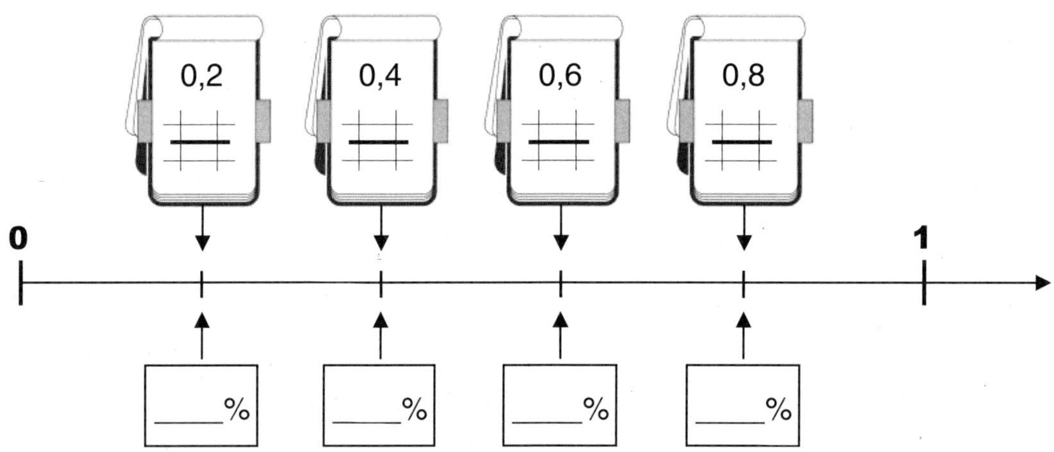

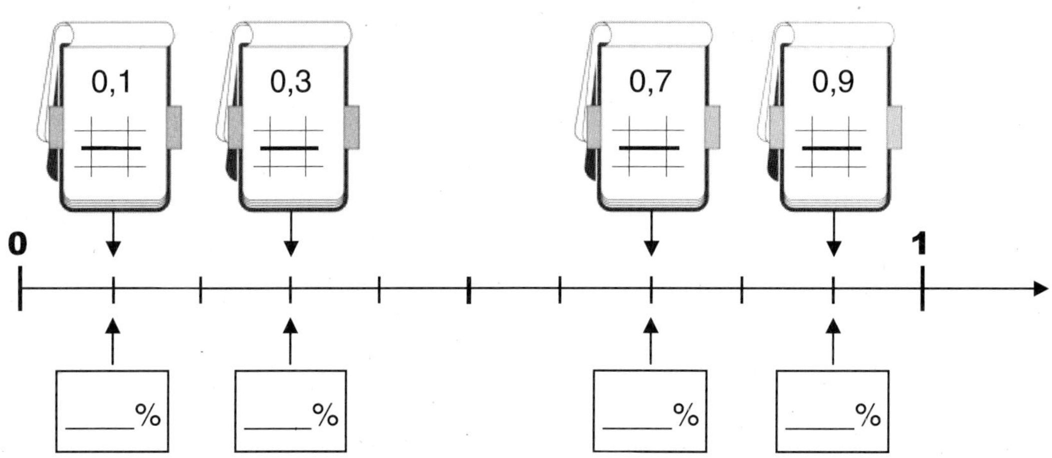

11. Schnelltest! Wie viel Prozent sind …

a) ... ein Viertel: ___ % b) ... die Hälfte: ___ % c) ... neun Zehntel: ___ %

d) ... vier Fünftel: ___ % e) ... ein Zehntel: ___ % f) ... drei Viertel: ___ %

g) ... drei Zehntel: ___ % h) ... drei Fünftel: ___ % i) ... sieben Zehntel: ___ %

Prozentsätze erkennen

12. Wie viel Prozent der Rechtecke sind grau markiert?

a) b) c) d)

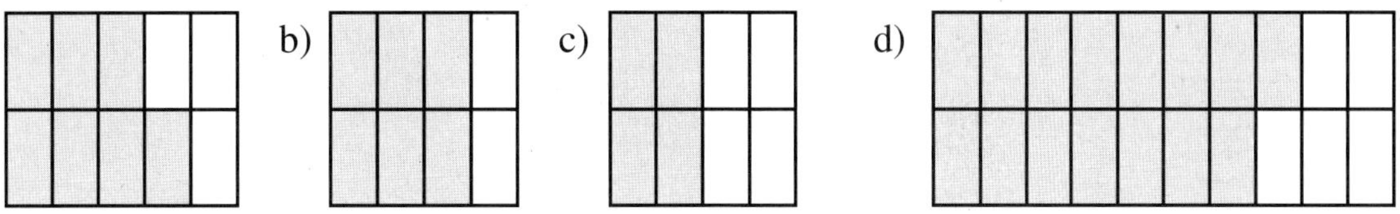

a) ___ % b) ___ % c) ___ % d) ___ %

13. Welcher Prozentsatz gehört jeweils zu dem dunkel dargestellten Flächenteil?

a) b) c) d)

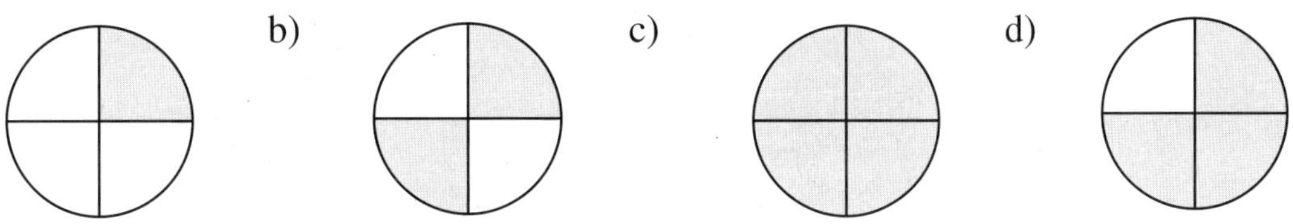

_______ % _______ % _______ % _______ %

14. Welcher Prozentsatz ist dunkel dargestellt?

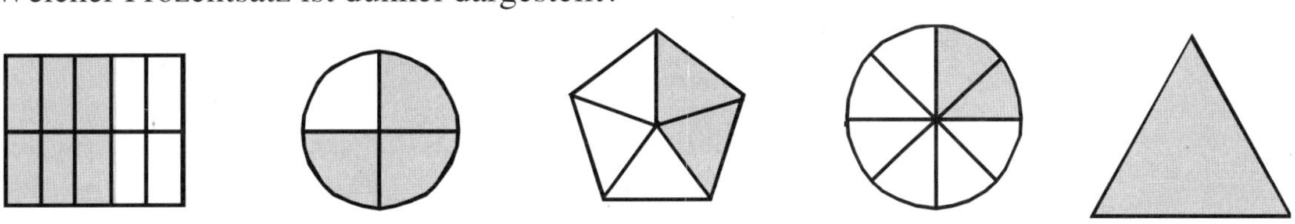

_______ % _______ % _______ % _______ % _______ %

Prozentsätze darstellen

15. Färbe den Anteil und gib ihn auch in der Prozentschreibweise an.

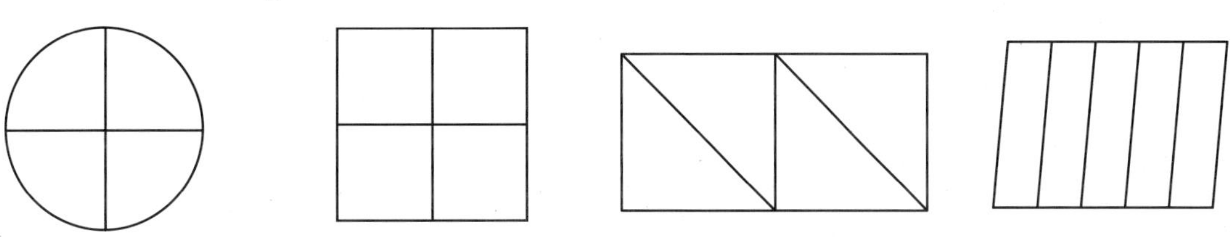

$\frac{3}{4}$ = ___ % $\frac{1}{2}$ = ___ % $\frac{1}{4}$ = ___ % $\frac{3}{5}$ = ___ %

16. Zeichne die angegebenen Prozentanteile der Flächen farbig.

25% 75% 60% 50%

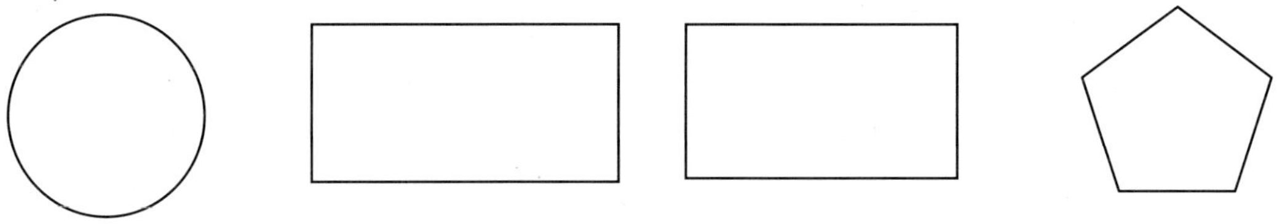

17. Male die angegebenen Prozentanteile der Flächen bunt.

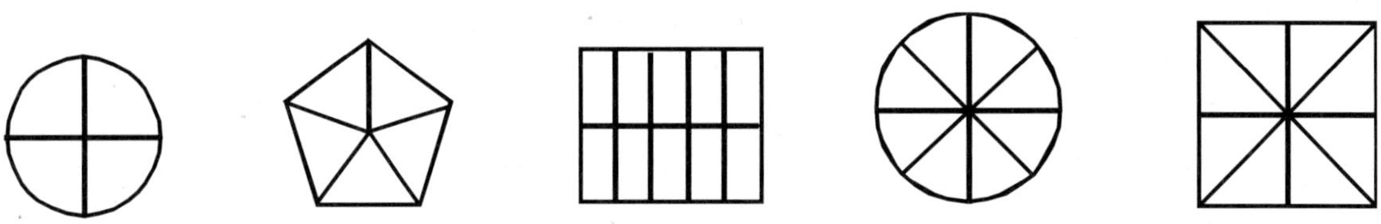

50% 60% 30% 25% 75%

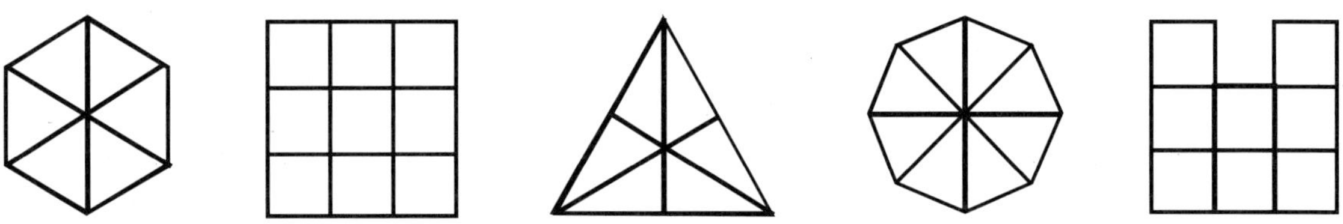

50% 50% 100% 75% 25%

18. Kennzeichne die Prozentanteile der Streifen. Gib auch die entsprechenden Brüche an.

a) 50% = —

b) 20% = —

c) 70% = —

d) 25% = —

e) 40% = —

f) 100% = —

g) 80% = —

h) 100% = —

i) 75% = —

19. Wie viel € sind es ungefähr?

a) 49% von 126 € sind etwas ______ als ______ €.

b) 26% von 600 € sind etwas ______ als ______ €.

c) 74% von 800 € sind etwas ______ als ______ €.

d) 51% von 550 € sind etwas ______ als ______ €.

20. Wie viel Prozent sind es ungefähr?

a) 17 von 35 Kindern können schwimmen. _____ %

b) Susi schläft durchschnittlich 7,5 Stunden am Tag. _____ %

c) Peter erhält 25 € Taschengeld. Er gibt 4,95 € für eine CD aus. _____ %

d) Von den 30 Schülern der 6a sind 19 Schüler in einem Sportverein. _____ %

Prozentsätze in Diagrammen

21. Das Schaubild zeigt die einzelnen Abteilungen eines Sportvereins.

a) Wie viel Prozent der Mitglieder gehören zu den einzelnen Sparten? Ergänze.

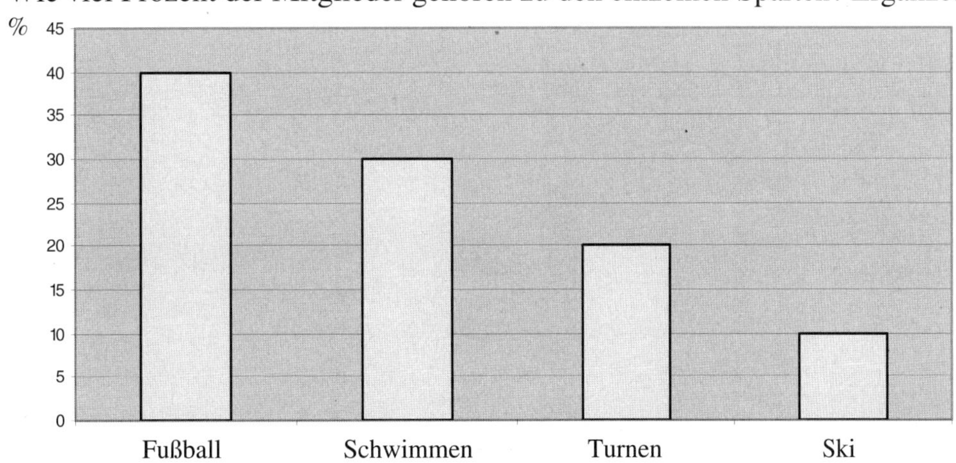

Abteilungen	Fußball	Schwimmen	Turnen	Ski
Prozentanteil				

b) Stelle die Prozentanteile an den folgenden Schaubildern farbig dar.

❶

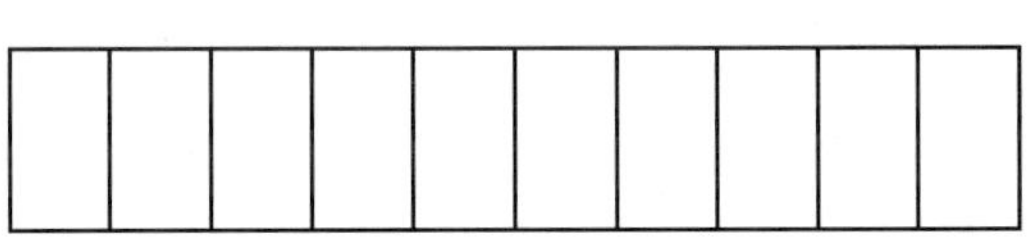

❷

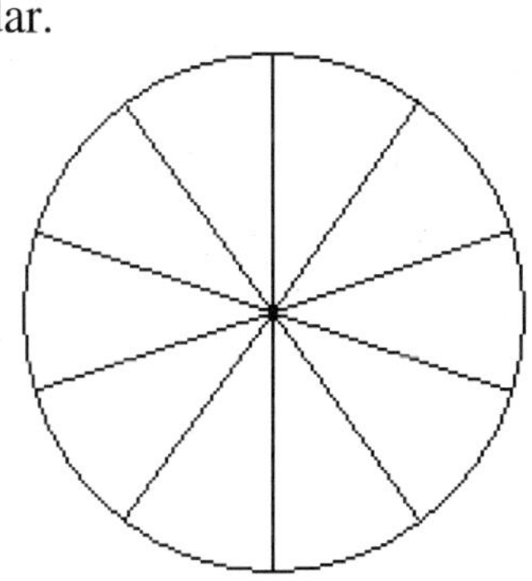

22. In dem Säulendiagramm ist das Ergebnis einer Meinungsumfrage unter Schülern nach ihrer Lieblingsfarbe dargestellt. Übertrage die Angaben des Säulendiagramms sinngemäß in den Prozentstreifen.

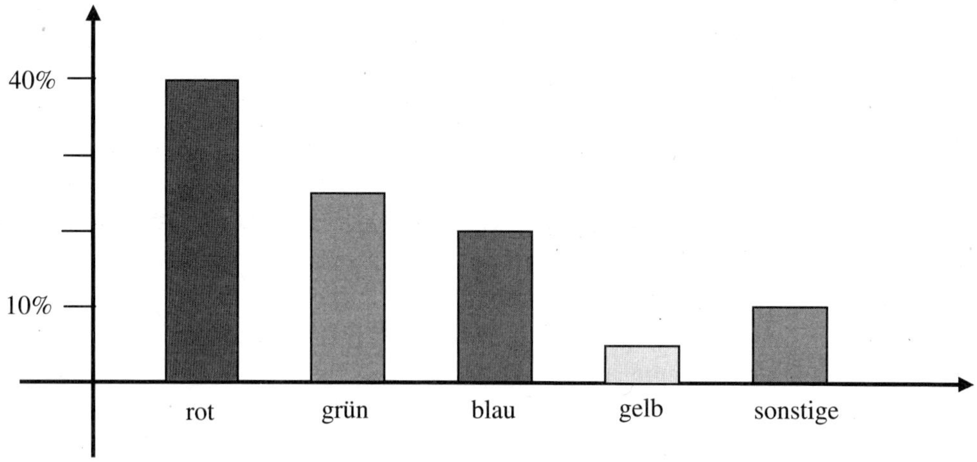

Prozentsätze: ____ % ____ % ____ % ____ % ____ %

Prozentstreifen:

23. 200 Schüler wurden nach ihrer Lieblingssportart befragt. Die folgende Tabelle zeigt das Ergebnis der Befragung.

Handball	**F**ußball
70 Schüler	60 Schüler
Tennis	**B**asketball
50 Schüler	20 Schüler

Trage die Anteile in das Prozentdiagramm ein.

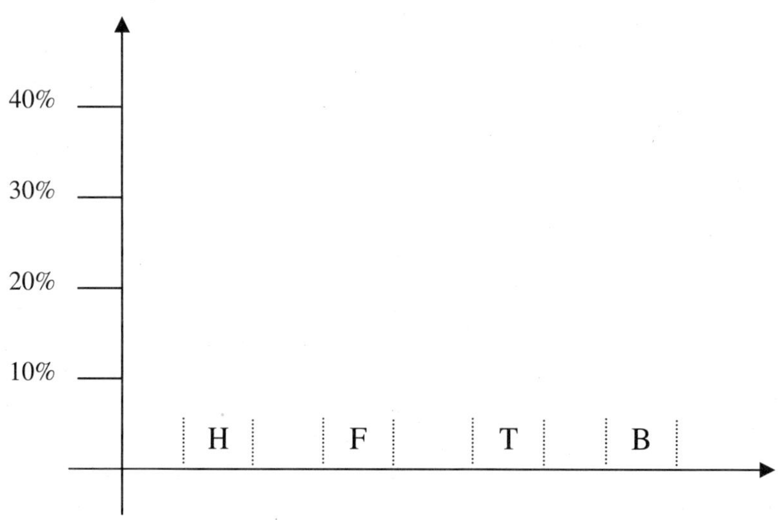

24. Übertrage das folgende Säulendiagramm in ein Kreisdiagramm.

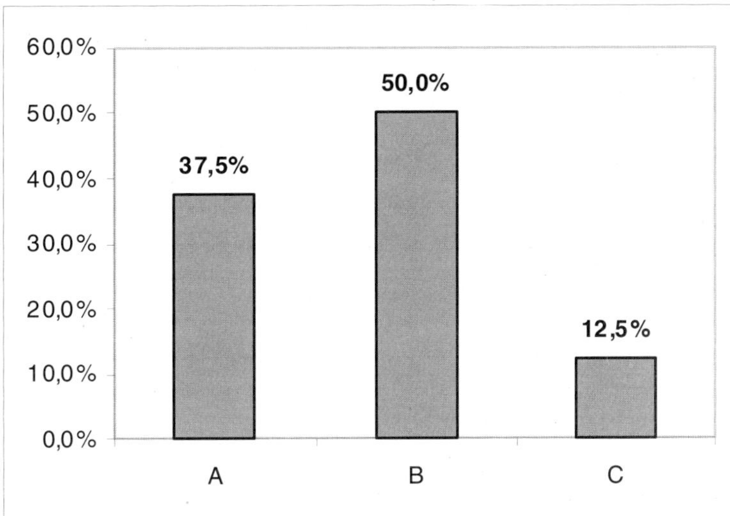

25. Die beiden weltweit wichtigsten Kaffee Sorten sind „Arabica“ und „Robusta“. Die Prozentanteile der einzelnen Sorten kannst du am Schaubild ablesen.

a) Trage die Prozentsätze ein.

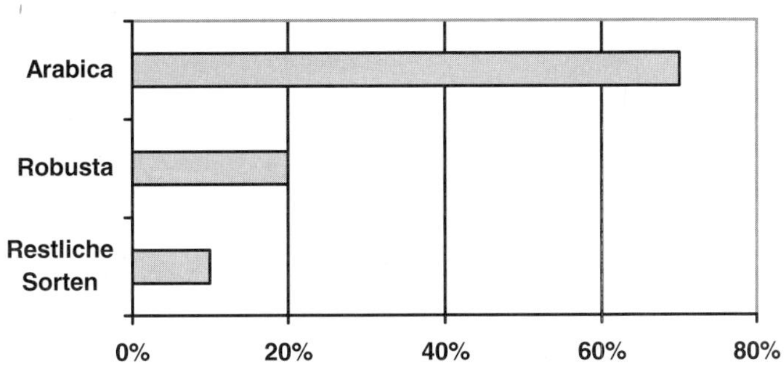

____%

____%

____%

b) Kreuze an, welches Kreisdiagramm dem obigen Balkendiagramm entspricht. Begründe deine Entscheidung.

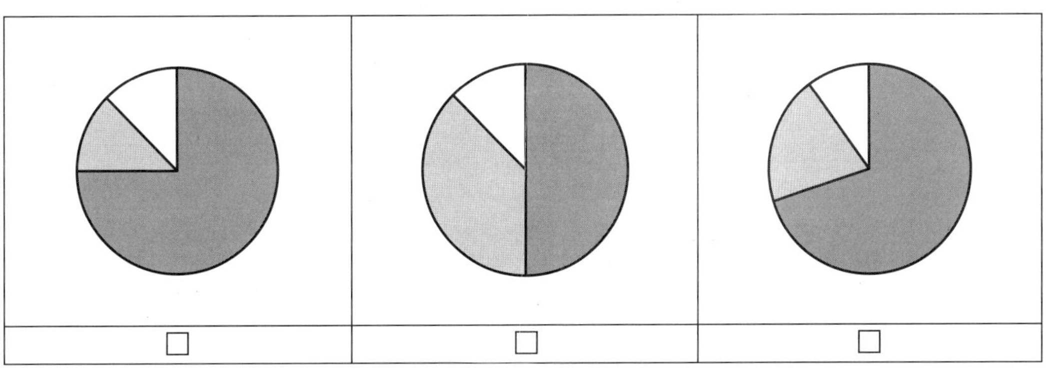

26. Das Gelände der Gemeinde Wald besteht aus Grünflächen (❶), Spielplätzen (❷), Gewässer (❸), Wald (❹) und Wegen (❺). Wie viel Prozent entfallen auf die einzelnen Teile?

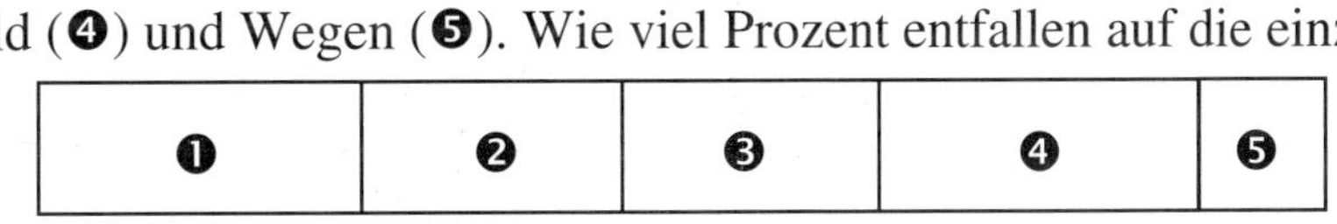

___ % ___ % ___ % ___ % ___ %

KidS

① Ergänze die fehlenden Angaben. ☹ 😐 ☺

Anteil als Bruch			$\frac{3}{4}$		$\frac{2}{5}$		$\frac{7}{10}$	
Anteil als Dezimalzahl	0,5			0,75				
Anteil in Prozent		60%				30%		100%

② ☹ 😐 ☺

Manfreds Fußballmannschaft hat in der letzten Saison den im Schaubild angegebenen Anteil ihrer Spiele gewonnen.

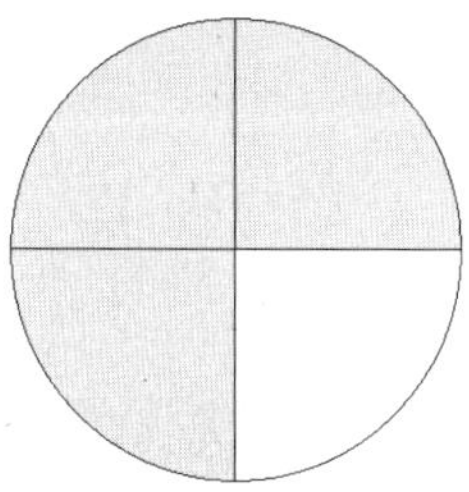

Gewonnen: %

Verloren: %

Sarah hat sich zur Wahl als Klassensprecherin beworben. Das Schaubild zeigt ihren Stimmenanteil bei der Wahl.

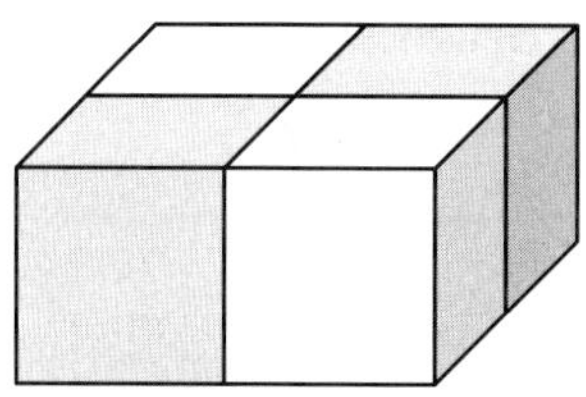

Dafür: %

Dagegen: %

Ein ganz bestimmter Teil der Erdoberfläche ist mit Wasser bedeckt.

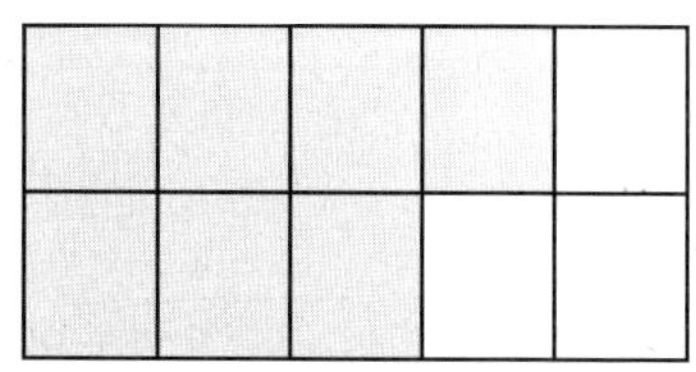

Wasser: %

Land: %

③ Zeichne die angegebenen Prozentanteile der Flächen farbig. ☹ 😐 ☺

a)

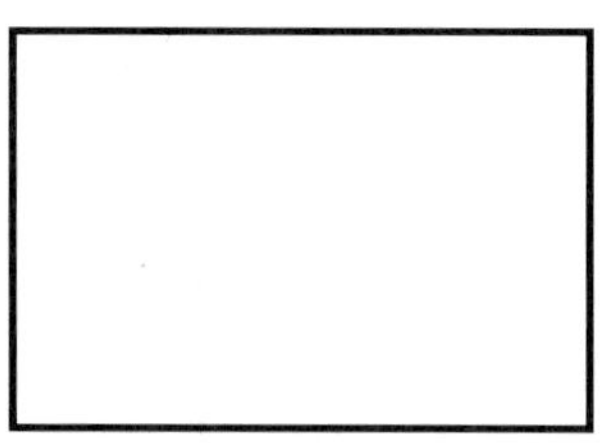

50%

b)

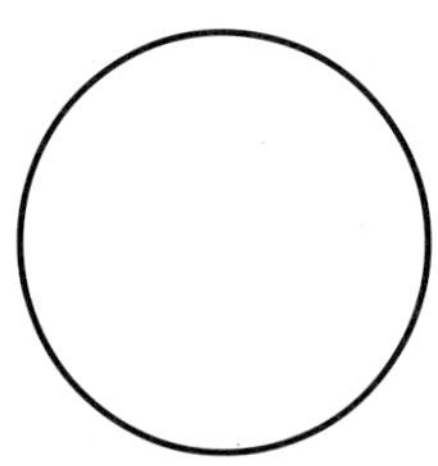

75%

c)

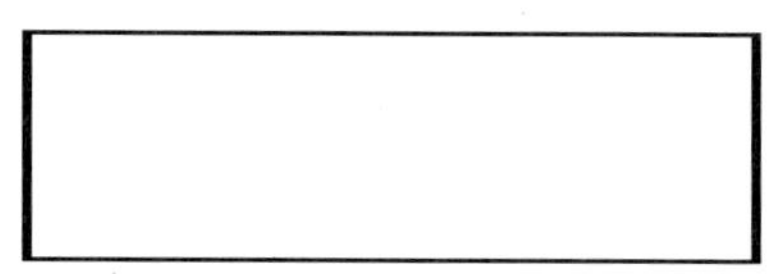

80%

④ Kennzeichne die Prozentanteile der Streifen. Gib auch die entsprechenden Brüche an.

a) 30% = —

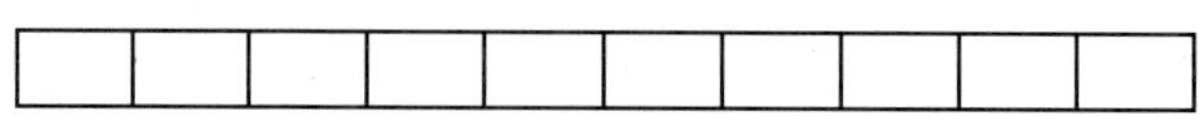

b) 60% = —

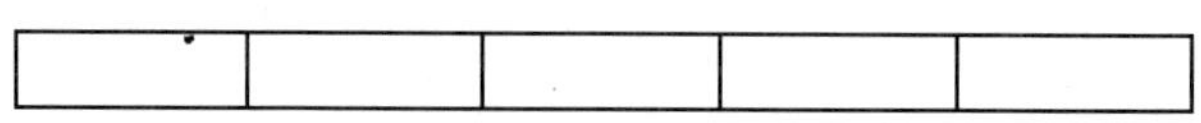

c) 90% = —

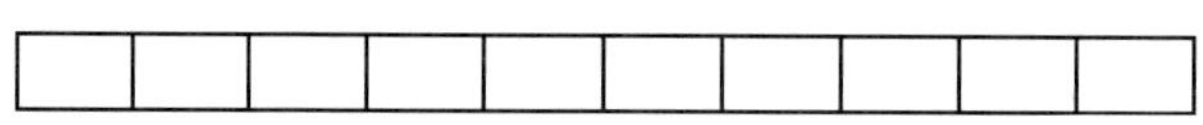

d) 40% = —

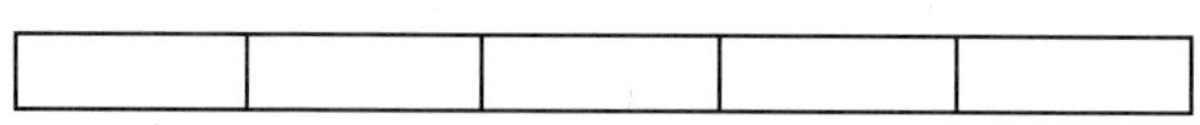

e) 25% = —

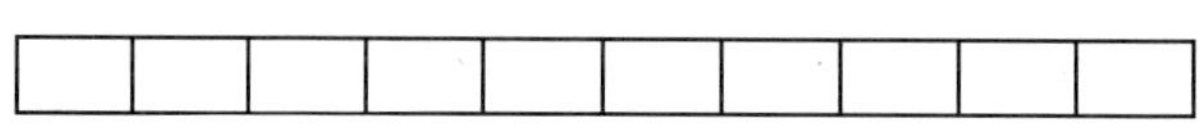

☹ 😐 ☺

5.3 Prozentanteile

① Unsere Nahrungsmittel haben einen unterschiedlichen Wassergehalt.

2500 g

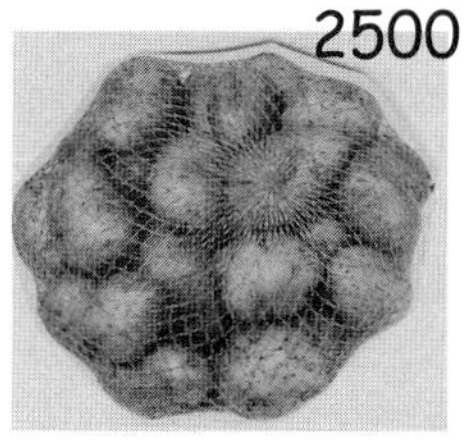

80%

- Wie viel g Wasser sind in den Kartoffeln enthalten?

Prozentsatz:	80%
Vergleichsbruch:	$\frac{4}{5}$

80% von 2500 =

$\frac{4}{5}$ von 2500 = ________

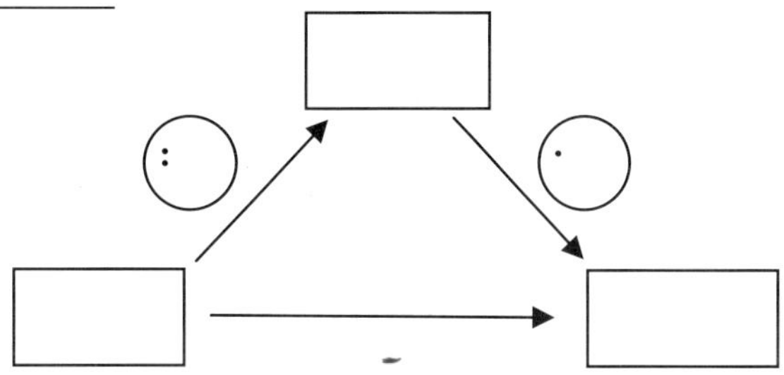

Wasseranteil: ____ g

② Sonderangebot: 30% Preisnachlass beim Kauf des Autos.

30%

- Berechne den Preisnachlass.

Prozentsatz:	30%
Vergleichsbruch:	$\frac{3}{10}$

30% von 56 800 =

$\frac{3}{10}$ von 56 800 = ________

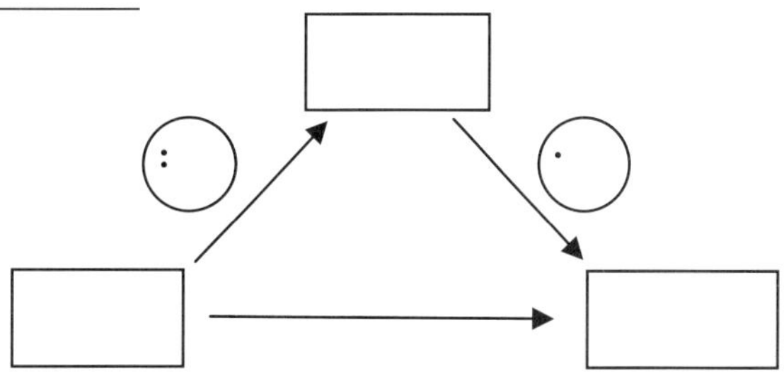

Preisnachlass: ____ €

- Berechne den Kaufpreis.

	5	6	8	0	0	€
-						
						€

Kaufpreis: ____ €

27. Berechne die Anteile. Verwende die dazugehörigen Vergleichsbrüche. Ergänze jeweils den zugehörigen Vergleichsbruch und das Pfeilbild.

a) 75% von 320

Vergleichsbruch:

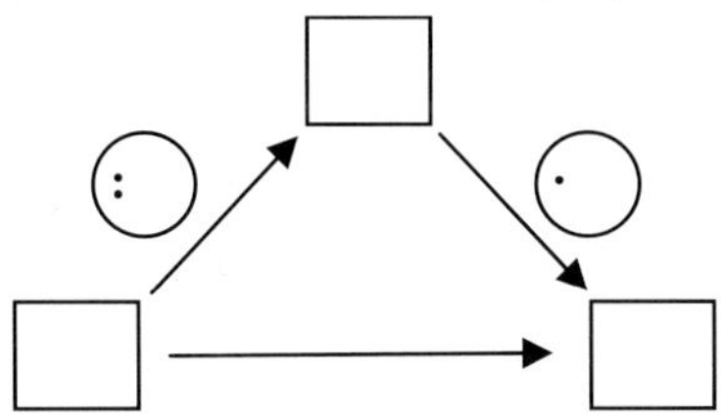

b) 40% von 405

Vergleichsbruch:

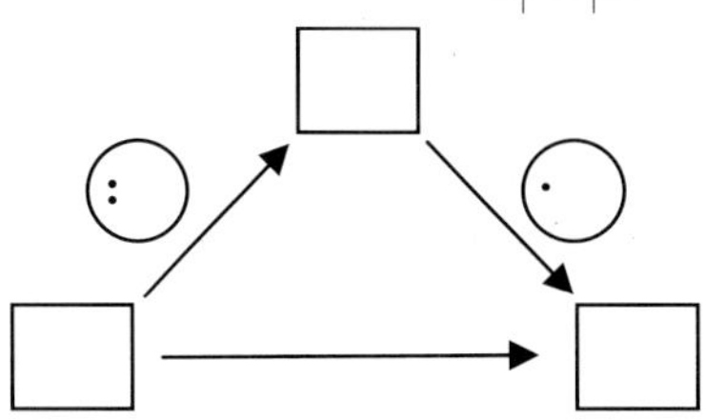

c) 30% von 230

Vergleichsbruch:

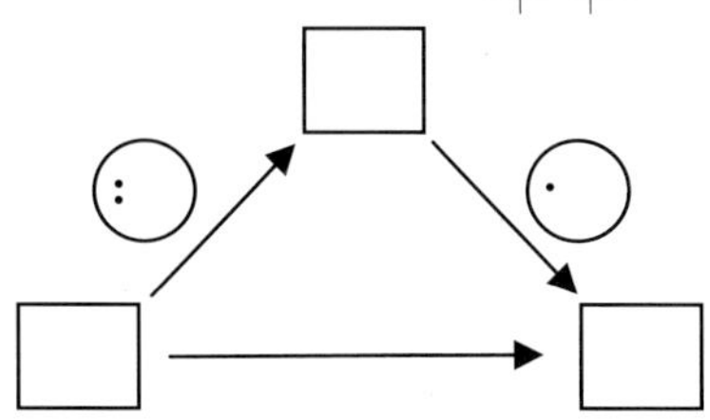

d) 25% von 180

Vergleichsbruch:

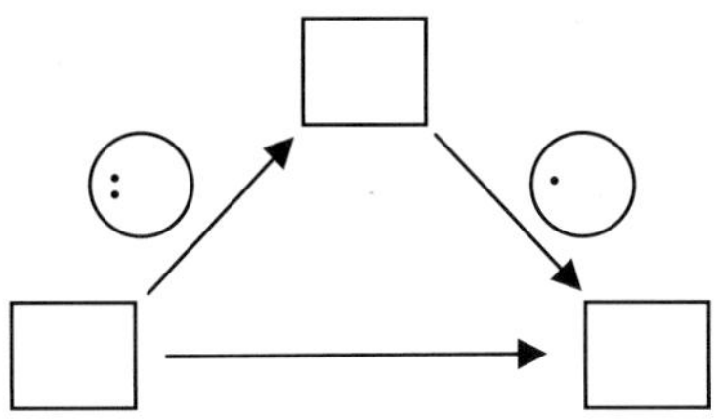

e) 60% von 480

Vergleichsbruch:

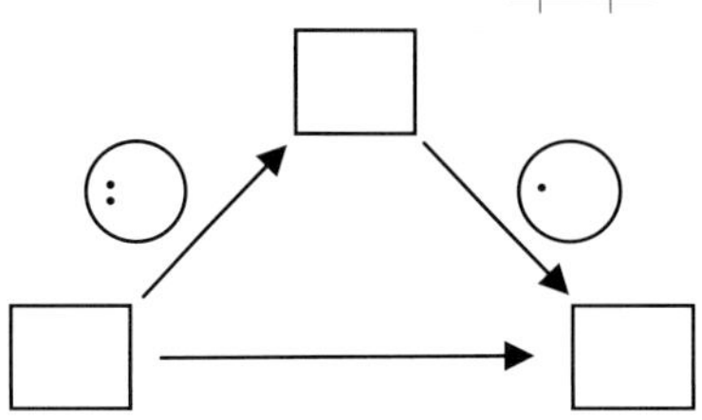

f) 80% von 540

Vergleichsbruch:

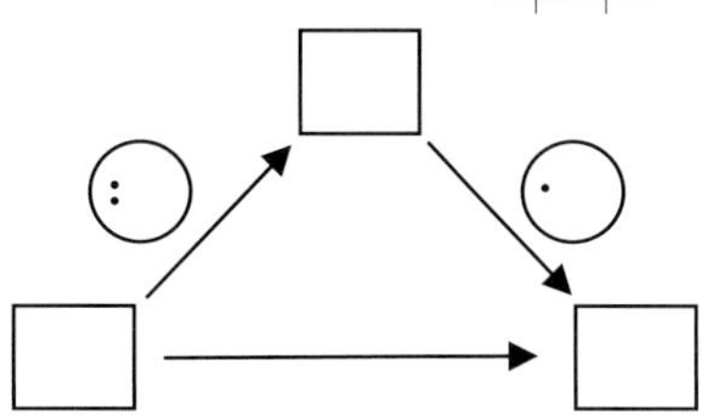

28. Berechne die reduzierten Preise.

128 €

Reduziert um **25%**.

Preisnachlass:

reduzierter Preis:

240 €

Reduziert um **40%**.

Preisnachlass:

reduzierter Preis:

80 €

Reduziert um 3**0%**.

Preisnachlass:

reduzierter Preis:

29. Ein Computerladen verkauft gebrauchte Geräte zu deutlich reduzierten Preisen. Wie viel Prozent des alten Preises kosten die Geräte jetzt noch? Trage die Prozentangaben ein.

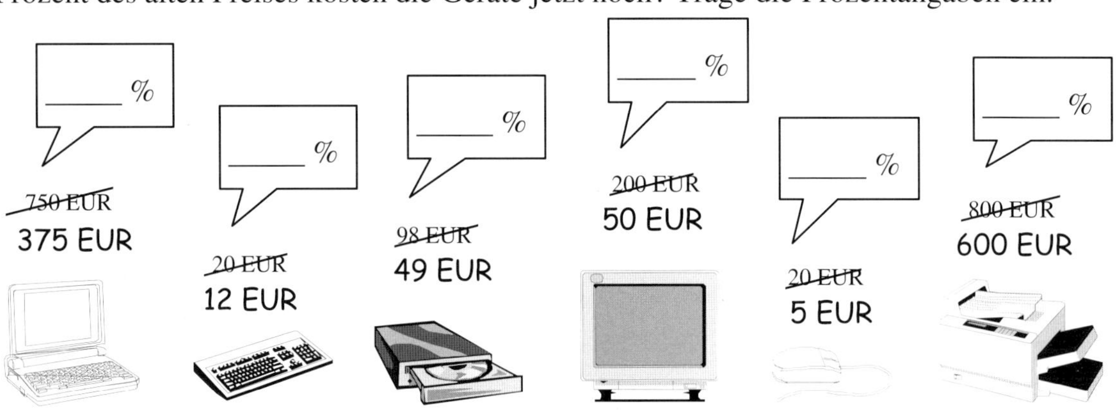

30. Alles muss raus! Wie viel Prozent des alten Preises kosten die Artikel noch?

Alter Preis: 50 €

Neuer Preis: 25 €

%

Alter Preis: 40 €

Neuer Preis: 10 €

%

Alter Preis: 94 €

Neuer Preis: 47 €

%

31. Löse mithilfe des Vergleichsbruchs.

Auslaufmodell

25% Preisnachlass

Nachlass: €

Neuer Preis: €

Barzahlung

10% Rabatt

Rabatt: €

Neuer Preis: €

Geschäftsaufgabe

Auf jeden Teppich 50%.

Nachlass: €

Neuer Preis: €

32. Berechne die reduzierten Preise. Löse mithilfe des Vergleichsbruchs.

Nur noch 75% des ursprünglichen Preises.

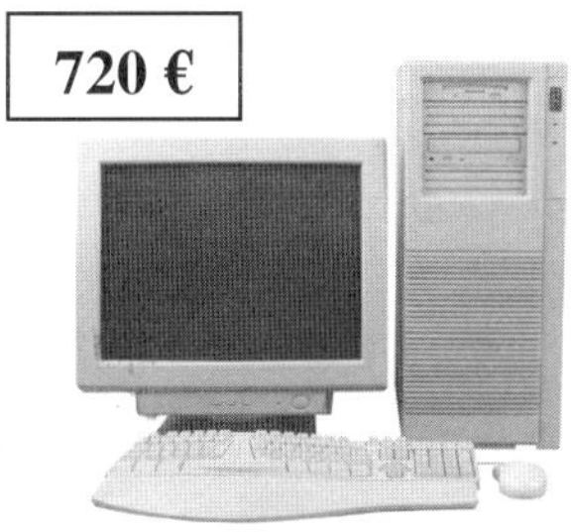

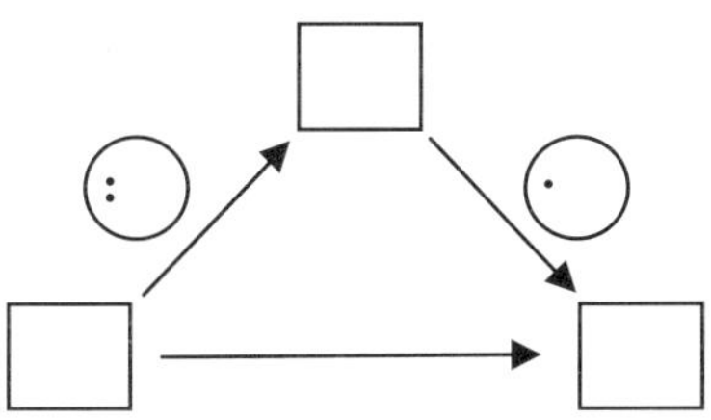

Sie erhalten jedes Fahrrad für 60% des Neupreises.

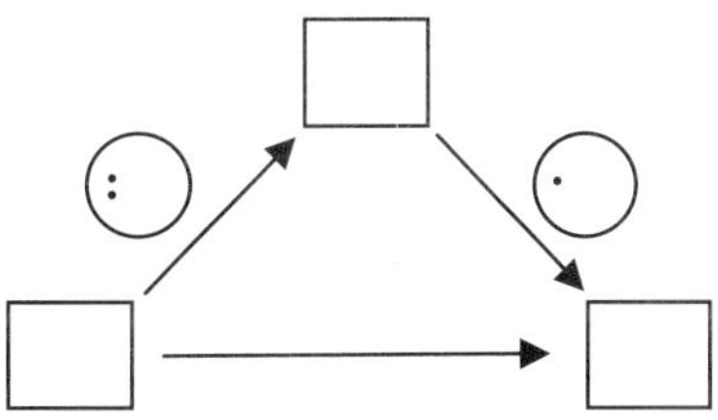

Mängelware zu 30% des vorherigen Preises!

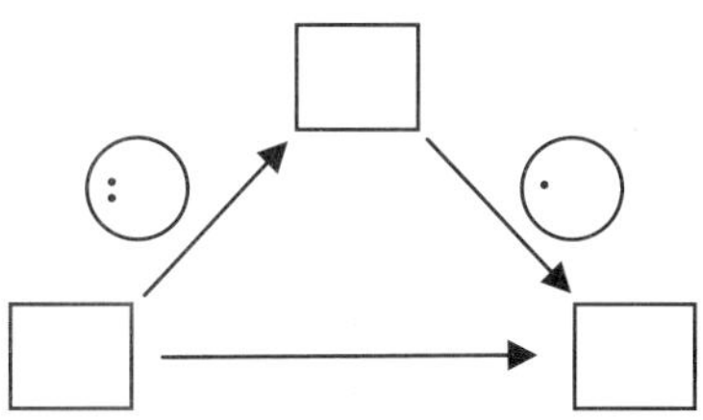

5.4 Stationen zum Prozentbegriff

Bei der Arbeit an den folgenden acht Stationen kannst du selbstständig und ohne Zeitdruck überprüfen, ob du den **Prozentbegriff** verstanden hast.

Station 1 **Dezimalzahlen - Hundertstelbrüche - Prozentschreibweise**

Welche Zahlen gehören zusammen? Notiere die zugehörigen Nummern in der Tabelle.

1 0,5	**2** 25%	**3** $\frac{20}{100}$	**4** $\frac{5}{100}$	**5** 6%	**6** 15%
7 $\frac{75}{100}$	**8** 0,8	**9** 0,2	**10** 0,15	**11** $\frac{50}{100}$	**12** 5%
13 $\frac{80}{100}$	**14** 0,05	**15** $\frac{6}{100}$	**16** 75%	**17** 20%	**18** $\frac{25}{100}$
19 0,25	**20** $\frac{15}{100}$	**21** 50%	**22** 0,06	**23** 80%	**24** 0,75

Lösungstabelle:

Dezimalzahl		Hundertstelbruch		Prozentschreibweise	
(1)	0,5	(11)	$\frac{50}{100}$	(21)	50%

Station 2 **Brüche - zeichnerische Darstellungsweise - Prozentschreibweise**

Welche Darstellungen gehören zusammen? Notiere die zugehörigen Nummern.

1 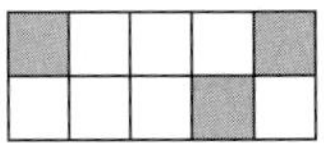	2 20%	3 25%	4 $\frac{2}{5}$	5 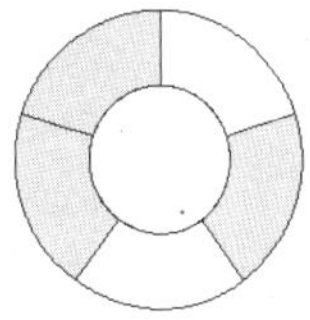	6 $\frac{3}{4}$
7 25%	8 60%	9 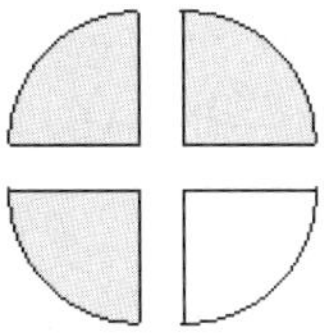	10 $\frac{1}{2}$	11 $\frac{1}{5}$	12 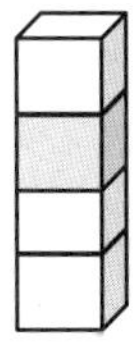
13 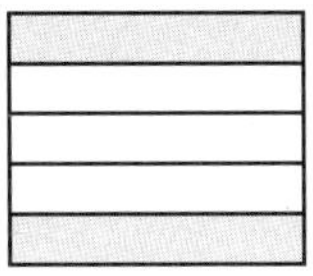	14 50%	15 $\frac{3}{5}$	16 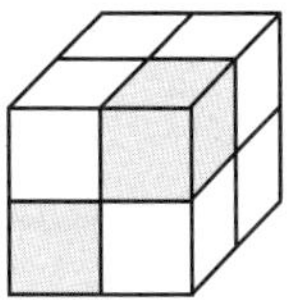	17 $\frac{3}{10}$	18 75%
19 $\frac{1}{4}$	20 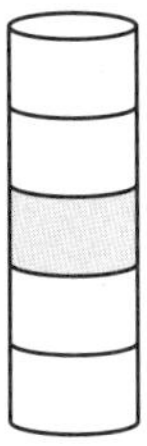	21 30%	22 $\frac{1}{4}$	23 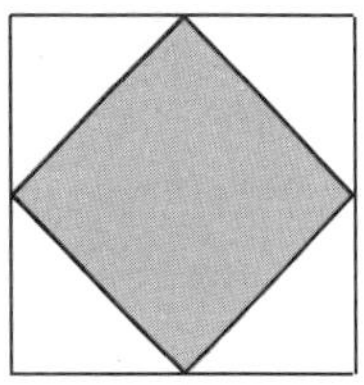	24 40%

Lösungstabelle:

Bruch		zeichnerische Darstellungsweise		Prozentschreibweise	

Station 3 **Prozentanteile erkennen**

Gib die dunkel dargestellten Flächenteile als Bruchteil und als Prozentanteil an.

1	2	3	4	5
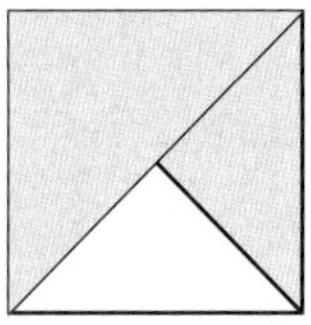	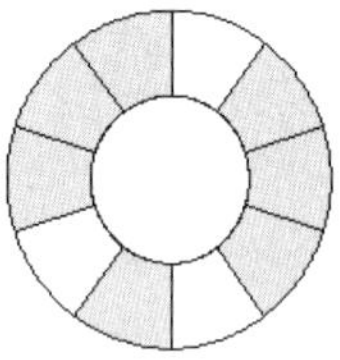	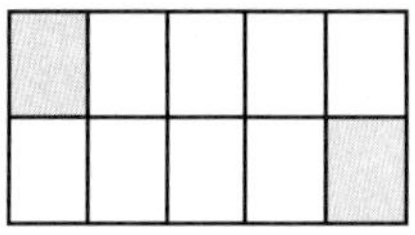	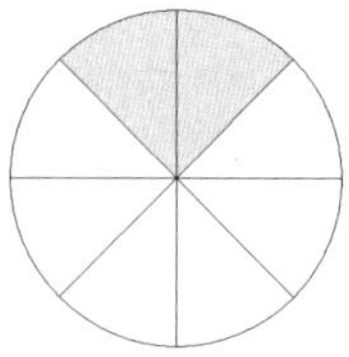	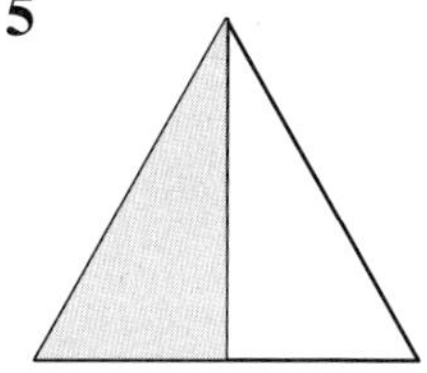
— = %	— = %	— = %	— = %	— = %
6	7	8	9	10
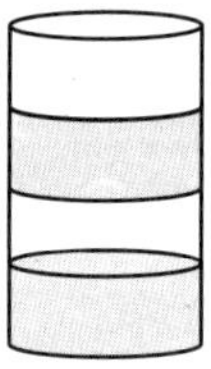	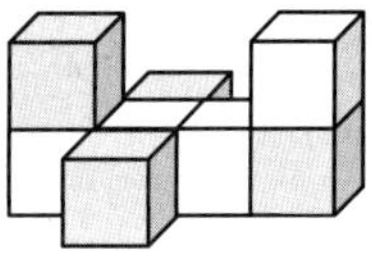	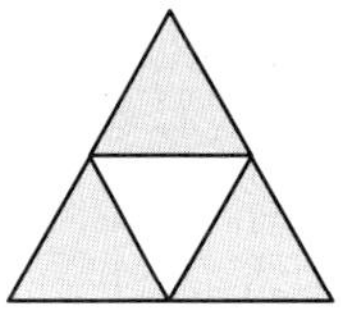	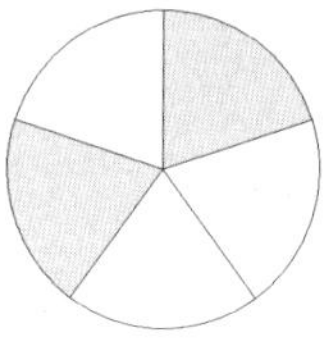	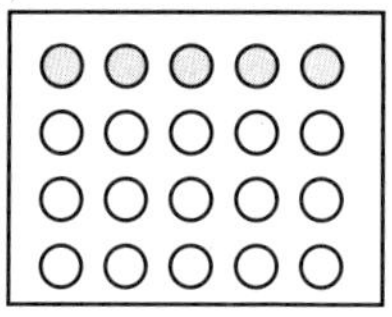
— = %	— = %	— = %	— = %	— = %
11	12	13	14	15
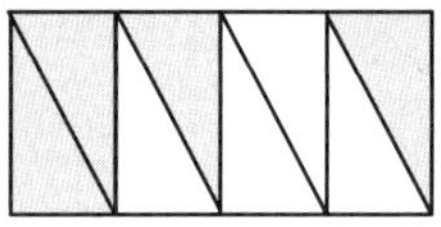	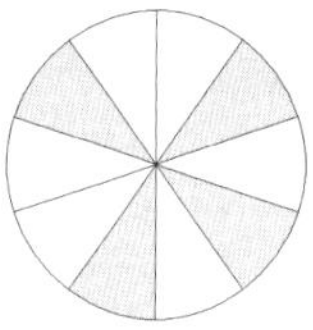	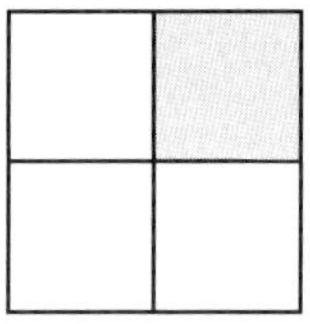	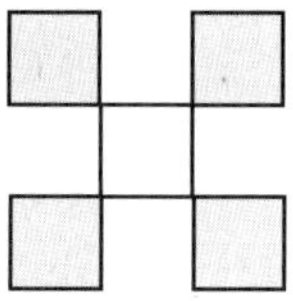	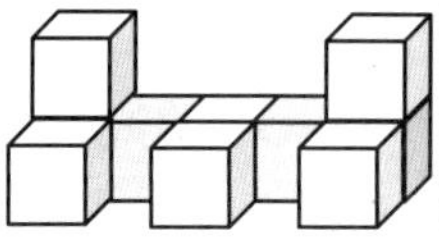
— = %	— = %	— = %	— = %	— = %
16	17	18	19	20
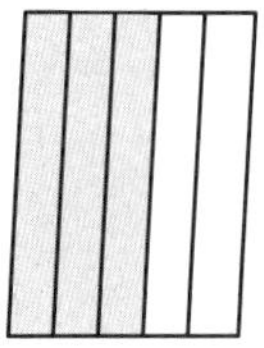	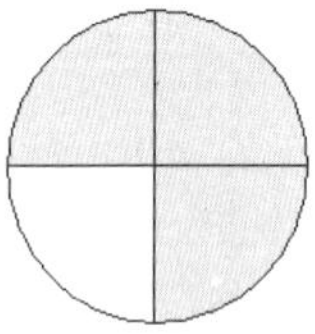	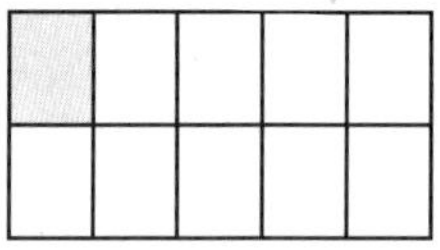	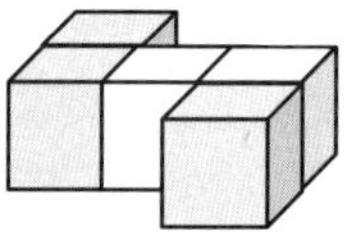	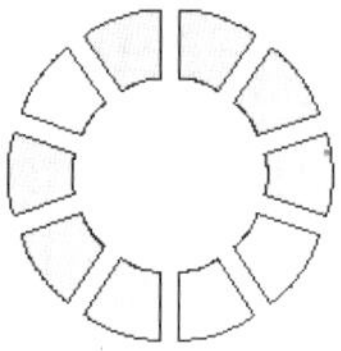
— = %	— = %	— = %	— = %	— = %

Station 4 Prozentanteile färben

Färbe in den Figuren Flächenteile, die dem angegebenen Prozentanteil entsprechen.

1	2	3	4	5
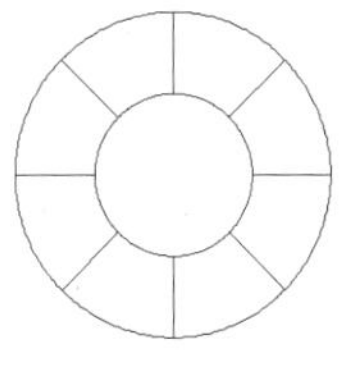	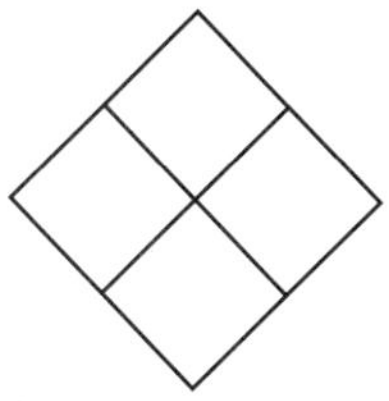	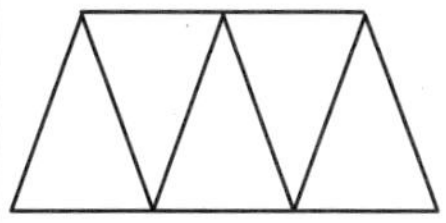	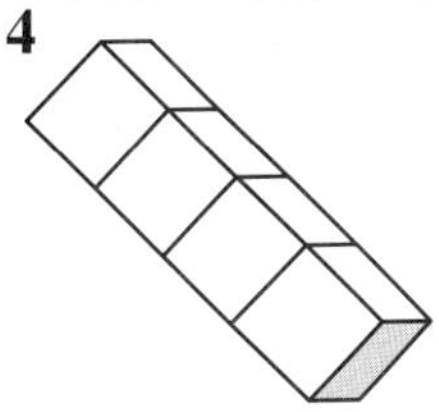	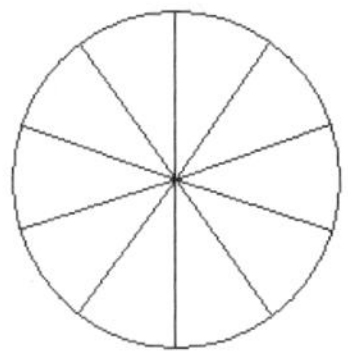
75%	50%	60%	25%	70%
6	**7**	**8**	**9**	**10**
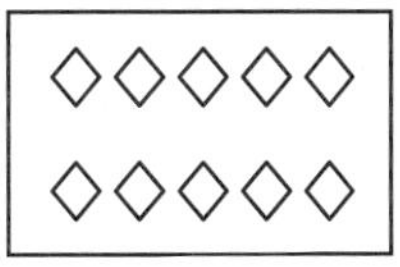	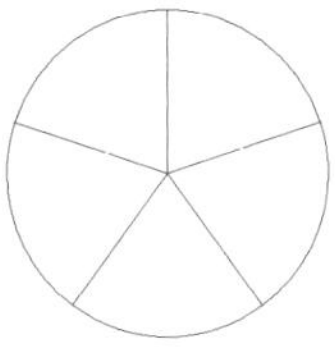	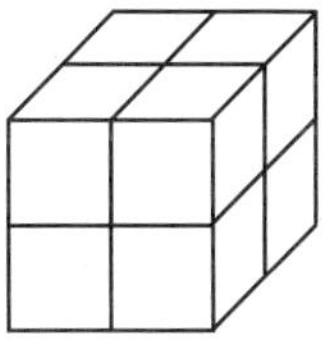	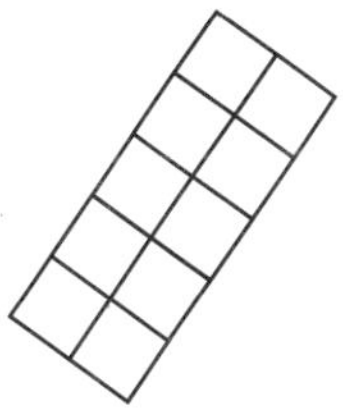	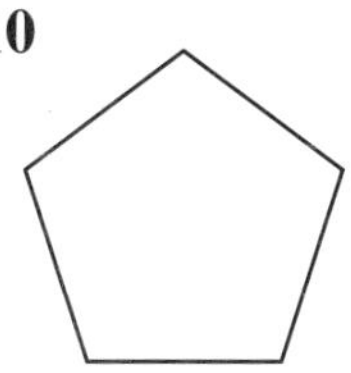
80%	40%	25%	30%	50%

Station 5 Anteile vergleichen

Gib die Flächenteile als Prozentsatz zur Bezugsfläche an.

1	Die weiße Fläche ist	%	der **gesamten** Fläche.
2	Die schraffierte Fläche ist	%	der **gesamten** Fläche.
3	Weiß, dunkel **und** gepunktet sind	%	der **gesamten** Fläche.
4	Weiß **und** schraffiert sind	%	der **gesamten** Fläche.
5	Gepunktet **und** dunkel sind	%	der **gesamten** Fläche.
6	Die schraffierte Fläche ist	%	der **weißen** Fläche.
7	Die gepunktete Fläche ist	%	der **weißen** Fläche.

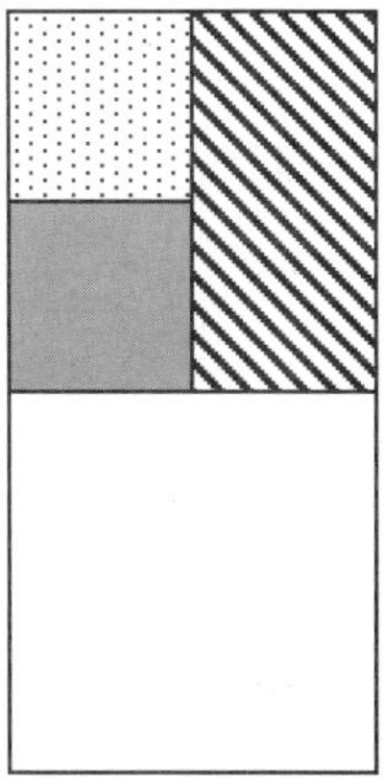

Station 6 Anteile mithilfe der Prozentschreibweise vergleichen

Vergleiche mithilfe der Prozentschreibweise. Gib jeweils die Anzahlen an.

Peter hat sich im Sekretariat seiner Schule nach dem Anteil der Jungen und Mädchen in den einzelnen Klassen 5 und 6 erkundigt. Er hat im Sekretariat folgendes Diagramm erhalten. Die Anteile sind in Prozent (%) angegeben.

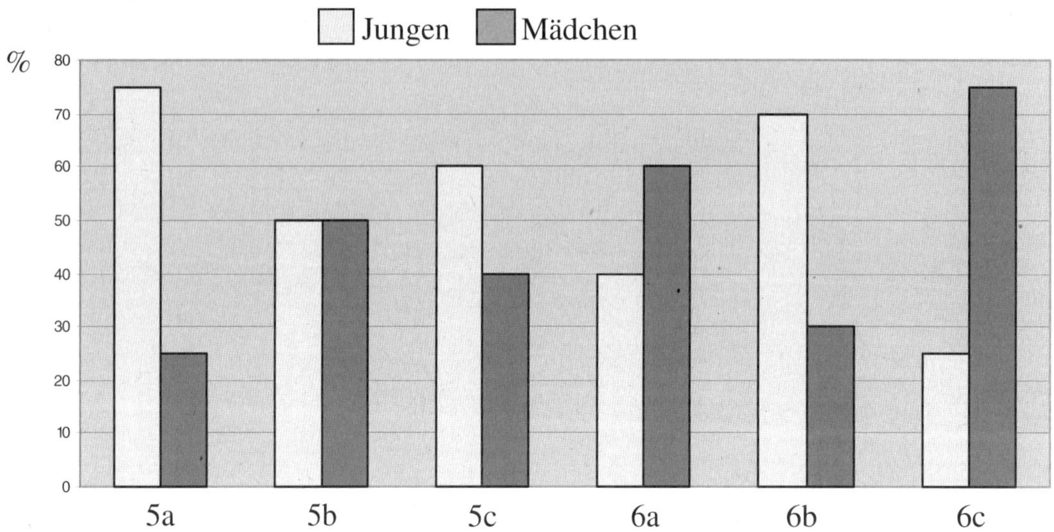

- Schreibe die Anteile der Jungen und Mädchen in den einzelnen Klassen in der Prozentschreibweise.

5a		5b		5c		6a		6b		6c	
Ju.	Mä.	Ju.	Mä.	Ju.	Mä.	Ju.	Mä.	Ju.	Mä.	Ju.	Mä.

- Notiere die Anzahl der Jungen und Mädchen in den einzelnen Klassen.

5a		5b		5c		6a		6b		6c	
24 Schüler		26 Schüler		25 Schüler		20 Schüler		20 Schüler		28 Schüler	
Ju.	Mä.	Ju.	Mä.	Ju.	Mä.	Ju.	Mä.	Ju.	Mä.	Ju.	Mä.

- Peter behauptet: „Betrachtet man beide Klassenstufen zusammen, so ist der Anteil der Jungen größer als 50%". Stimmt diese Behauptung? Begründe!

Anzahl Jungen: ____ Anzahl Mädchen: ____

Station 7 **Falsche Aussagen**

Finde die Fehler und beschreibe sie.

①

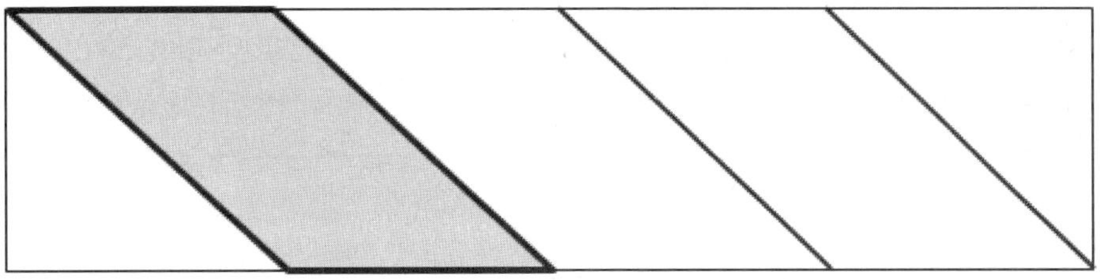

„20% des Rechtecks sind grau eingefärbt."

② Biathlon ist eine vornehmlich im Winter ausgetragene Sportart, die sich aus Skilanglauf und Schießen zusammensetzt. Trifft man beim Schießen die graue Scheibe, fällt sie nach hinten und wird weiß.
Der russische Biathlet Anton Schipulin erreicht folgendes Schießergebnis.

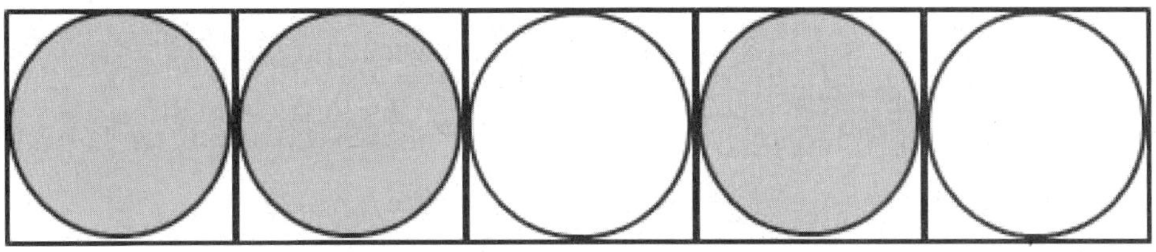

Ein Sportreporter berichtet:
„30 Prozent Fehlerquote beim Schießen für Anton Schipulin".

③ Zeitungsbericht: **Mädchen in technischen Berufen**
„Etwa ein Fünftel der Mädchen ergreift einen technischen Beruf. In ländlichen Bereichen sind es mit 25 Prozent nur unwesentlich weniger Mädchen, die Karriere in technischen Berufen machen wollen."

④ Lehreraussage nach der Mathematikarbeit:
„Jeder Zweite hat in dieser Mathematikarbeit eine Fünf geschrieben, die restlichen 70% waren auch nicht viel besser."

⑤

Station 8 **Prozentsätze in Schaubildern erkennen**

Ergänze in den Diagrammen die fehlenden Prozentsätze.

① Ergänze die fehlenden Prozentsätze. Trage sie in die Schaubilder ein.

a)

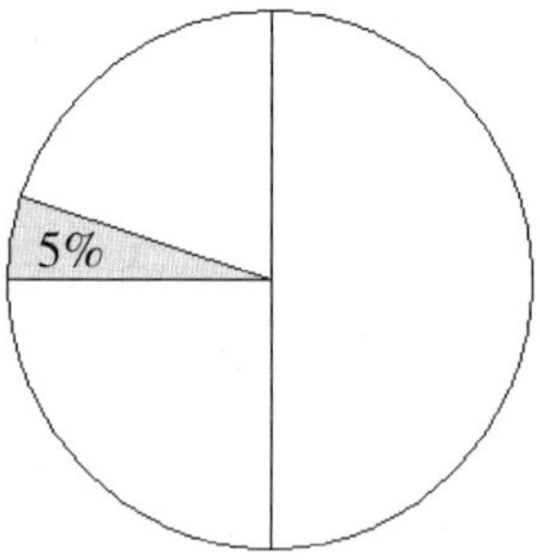

b)

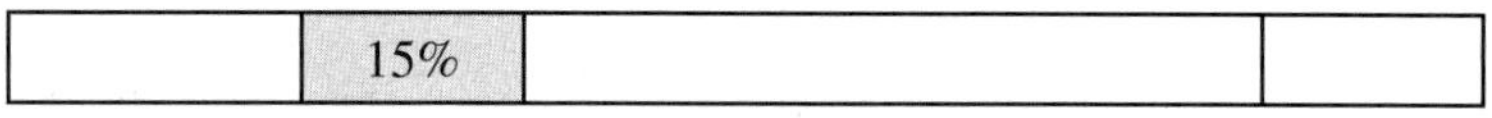

c)

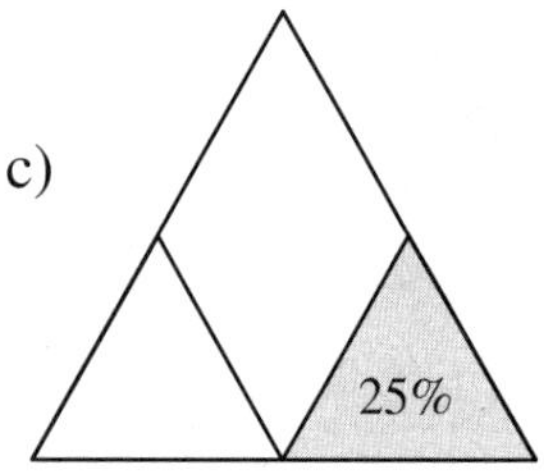

d)

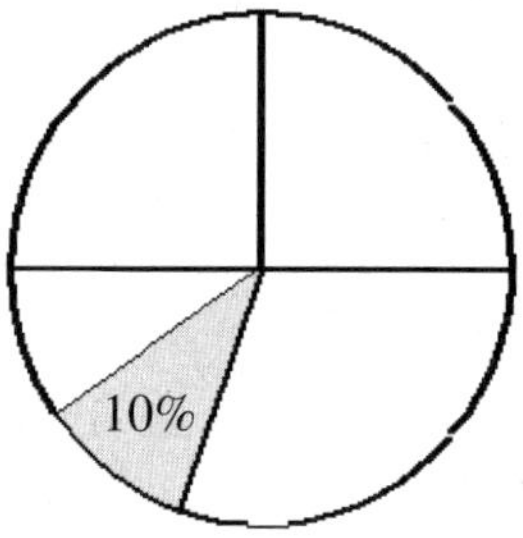

② Welche Darstellungsformen zeigen jeweils den gleichen Sachverhalt an? Ordne zu und trage die Prozentsätze ein.

A

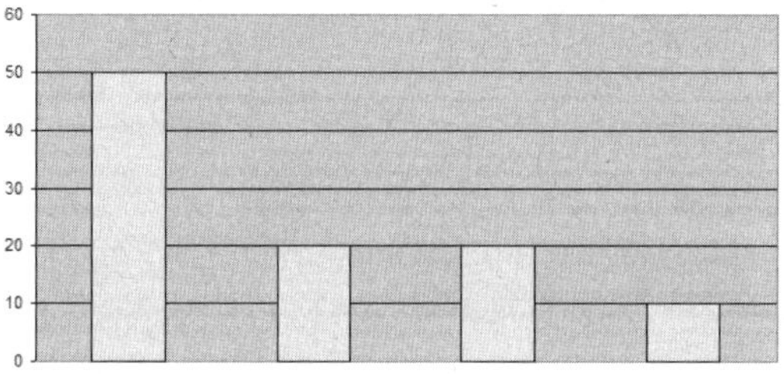

B

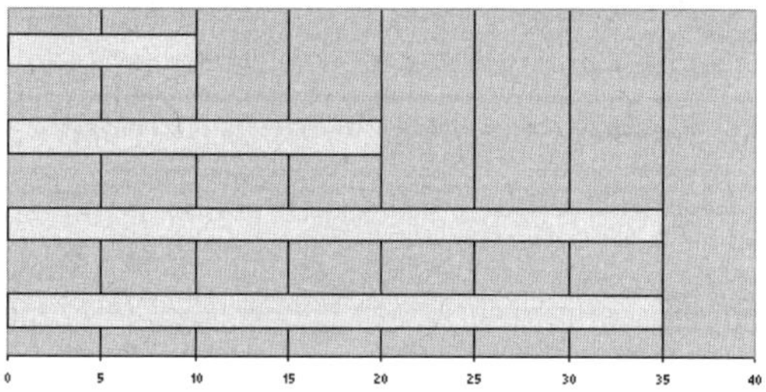

1

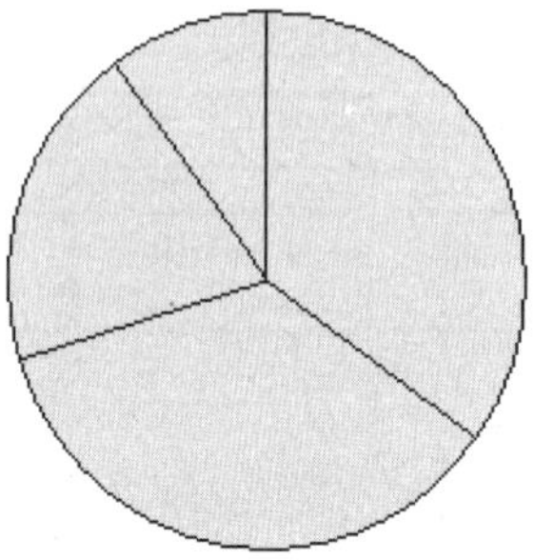

2

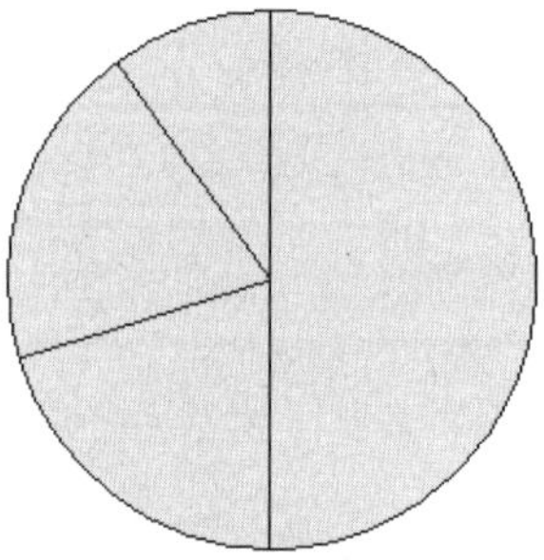

AUF EINEN BLICK

Prozentbegriff

	Das Wort Prozent stammt vom italienischen „pro **cento**“ ab und bedeutet so viel wie „**von Hundert**“.

Für Brüche mit dem **Nenner 100** verwenden wir die Prozentschreibweise.

$\frac{1}{100} = 1\%$	$\frac{17}{100} = 17\%$	$\frac{79}{100} = 79\%$	$\frac{100}{100} = 100\%$

In dem Ausdruck 70% nennt man	die Zahl 70 **Prozentzahl**.
	die Schreibweise 70% **Prozentsatz**.

Besondere Prozentsätze

$\frac{1}{4} = 0{,}25 = 25\%$	$\frac{1}{5} = 0{,}2 = 20\%$	$\frac{1}{10} = 0{,}1 = 10\%$
$\frac{1}{2} = 0{,}5 = 50\%$	$\frac{2}{5} = 0{,}4 = 40\%$	$\frac{3}{10} = 0{,}3 = 30\%$
$\frac{3}{4} = 0{,}75 = 75\%$	$\frac{3}{5} = 0{,}6 = 60\%$	$\frac{7}{10} = 0{,}7 = 70\%$
$\frac{4}{4} = 1 = 100\%$	$\frac{4}{5} = 0{,}8 = 80\%$	$\frac{9}{10} = 0{,}9 = 90\%$

Zeichnerische Darstellung von Prozentsätzen

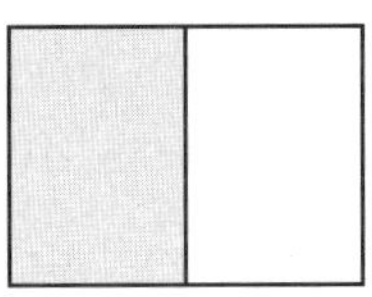

$\frac{1}{2} = 0{,}5 = 50\%$

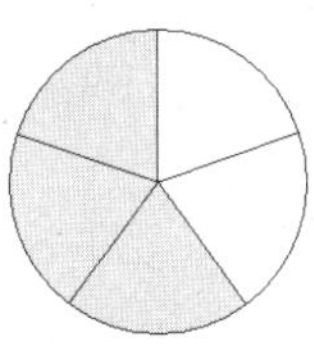

$\frac{3}{5} = 0{,}6 = 60\%$

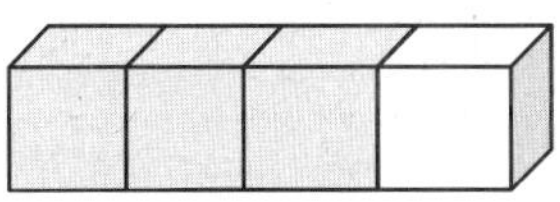

$\frac{3}{4} = 0{,}75 = 75\%$

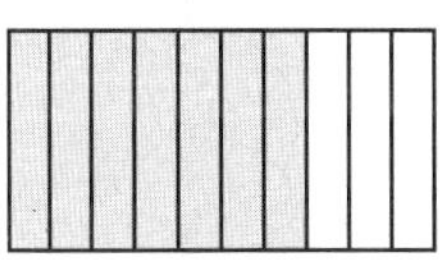

$\frac{7}{10} = 0{,}7 = 70\%$

Prozentsätze im Diagramm

Säulendiagramm

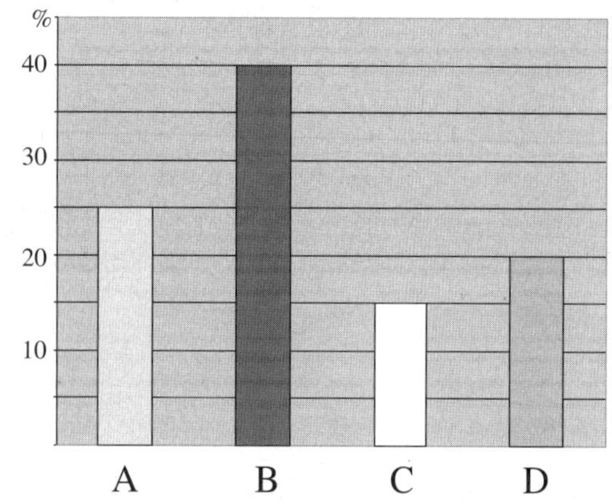

Kreisdiagramm

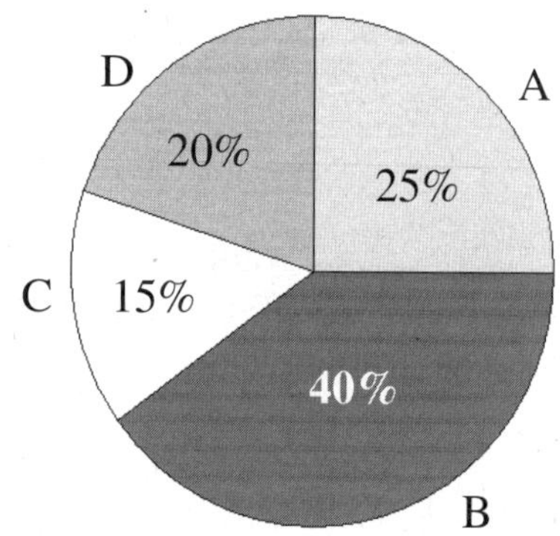

Prozentstreifen

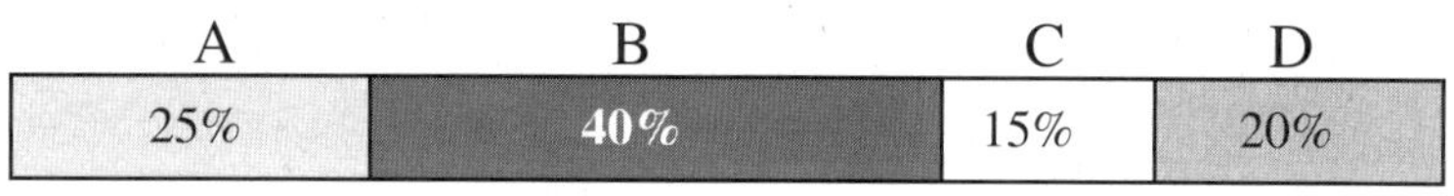

Prozentanteile

Prozentsatz:	75% von 280 € =	Prozentsatz:	90% von 170 kg =
Vergleichsbruch:	$\frac{3}{4}$ von 280 € =	Vergleichsbruch:	$\frac{9}{10}$ von 170 kg =

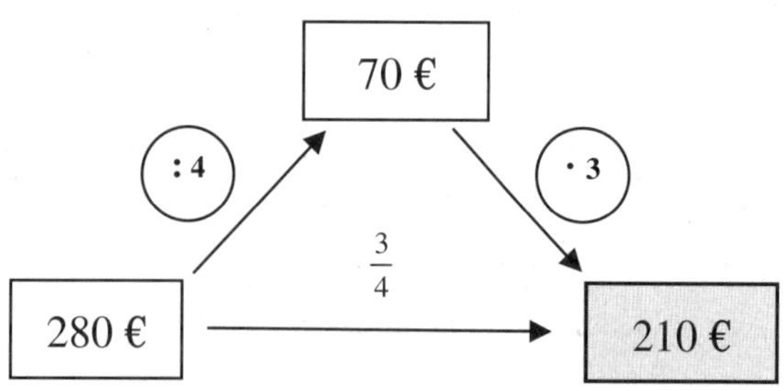

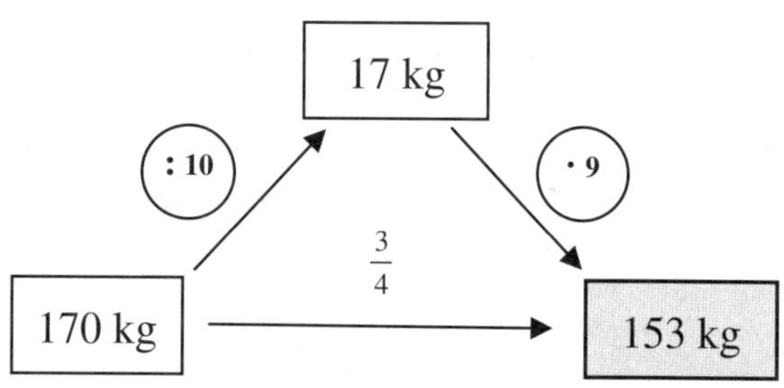

Zahlen, Muster und Strukturen

6

6.1 Figurierte Zahlen

Die Idee, Zahlen durch Punkte darzustellen, geht schon auf die alten Griechen zurück. Wenn diese Darstellung die Form eines geometrischen Musters, z.B. Dreiecksform, Quadratform usw. annimmt, bezeichnet man diese Zahlen als

figurierte Zahlen.

① **Dreieckszahlen**

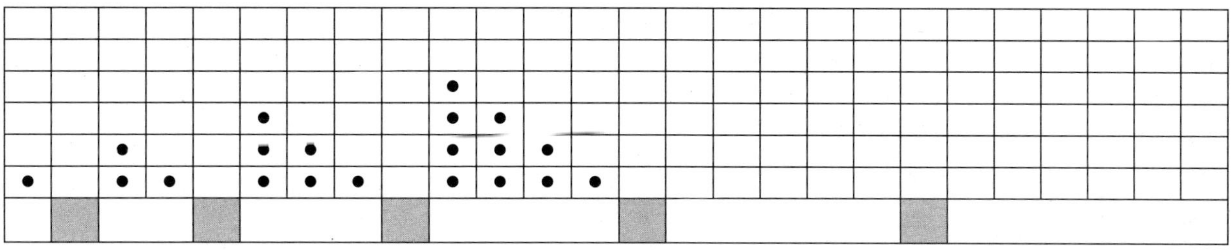

a) Schreibe die ersten vier Dreieckszahlen unter die vier Zahlenmuster.
b) Zeichne die nächsten zwei Dreieckszahlen in die Tabelle und schreibe sie unter die Zahlenmuster.
c) Die 7. Dreieckszahl ist 28. Wie heißt die 8. Dreieckszahl? Schreibe auf, wie du sie gefunden hast.
d) Die 19. Dreieckszahl ist 190. Wie heißt die 20. Dreieckszahl? Schreibe auf, wie du sie gefunden hast.

② **Quadratzahlen**

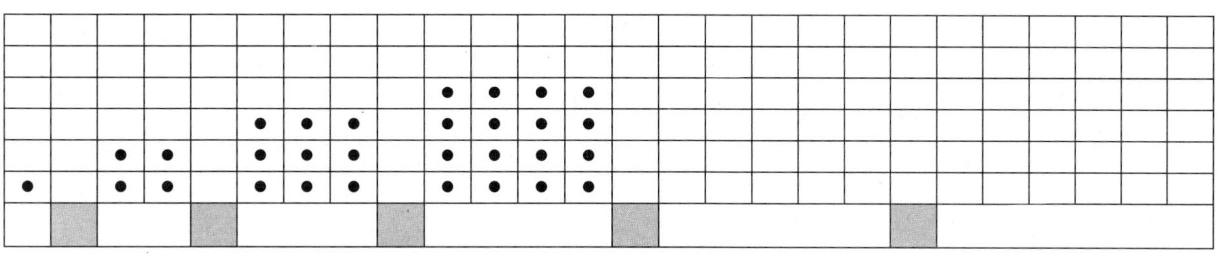

a) Schreibe die ersten vier Quadratzahlen unter die vier Zahlenmuster.
b) Zeichne die nächsten zwei Quadratzahlen in die Tabelle und schreibe sie unter die Zahlenmuster.
c) Die 7. Quadratzahl ist 49. Wie heißt die 8. Quadratzahl? Schreibe auf, wie du sie gefunden hast.
d) Die 19. Quadratzahl ist 361. Wie heißt die 20. Quadratzahl? Schreibe auf, wie du sie gefunden hast.
e) Schreibe auf, wie sich die zweite, dritte, vierte Quadratzahl aus Dreieckszahlen finden lässt? Bestätige deine Entdeckung mithilfe der Zahlenmuster.

f) Ergänze die folgende Quadratzahltabelle.

Quadratzahl	Rechnung	Potenzschreibweise
1	$1 \cdot 1$	1^2

Ein Produkt, in dem ein Faktor mehrmals auftritt, kann kürzer als

Potenz

geschrieben werden.

$$\underbrace{3 \cdot 3}_{\text{2 Faktoren}} = 3^2$$

Die **Hochzahl 2** gibt an, wie oft die **Grundzahl 3** als Faktor vorkommt.

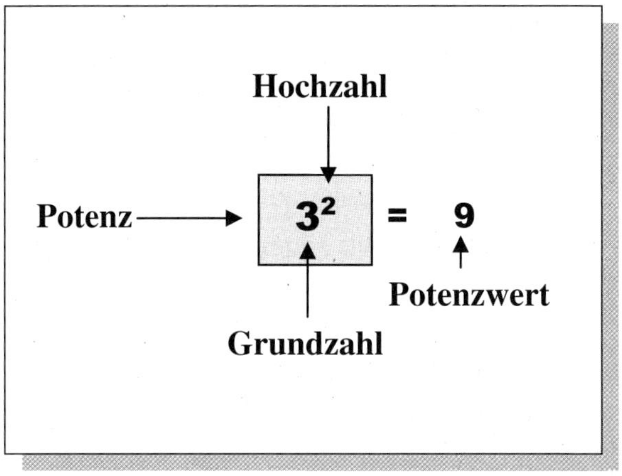

③ **Kubikzahlen**

Mit Zahnstochern und Knetgummi lässt sich ein Würfel (Kubus) basteln. Aus dem Knetgummi rollt man Kugeln und mit diesen setzt man mit den Zahnstochern einen Würfel zusammen.

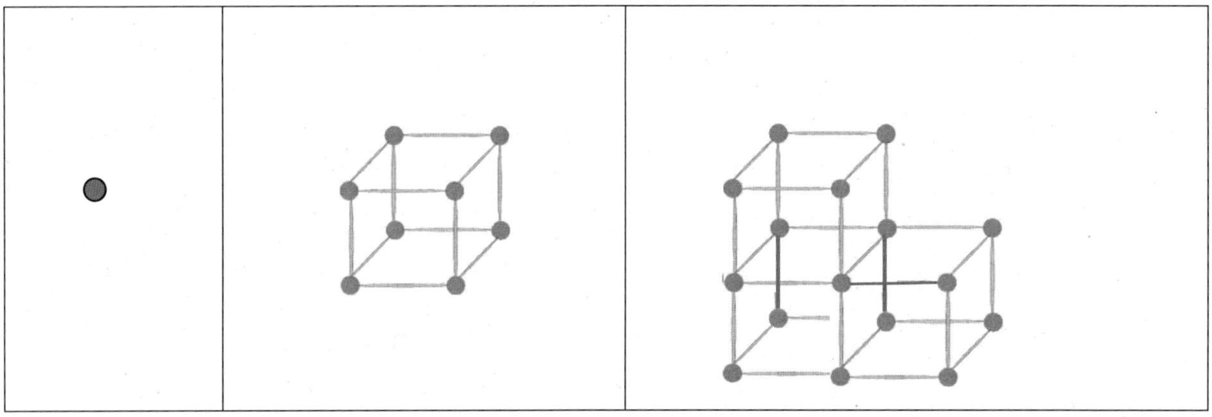

a) Ergänze die rechte geometrische Figur zu einem Würfel.

b) Wie viele Kugeln aus Knetgummi benötigst du für den ersten Würfel, wie viele für den zweiten Würfel?

c) Du sollst jetzt einen nächsten Würfel bauen, in dem du jeweils drei Zahnstocher mit vier Kugeln aus Knetgummi verbindest. Wie viele Kugeln musst du formen? Rechne!

d) Neun Zahnstocher sollen für eine Würfelkante miteinander verbunden werden. Wie viele Kugeln müssen für diesen Würfel geformt werden?

e) Ergänze die Tabelle.

Kubikzahl	Rechnung	Potenzschreibweise
8	$2 \cdot 2 \cdot 2$	2^3
	$3 \cdot 3 \cdot 3$	
		4^3
125		
		8^3
1000		

Sascha behauptet, dass die Zahl 1 auch eine Kubikzahl ist. Sascha hat Recht. Begründe.

Quadratzahlen sind Zahlen, die sich als Quadrate geometrisch veranschaulichen lassen.

Kubikzahlen sind Zahlen, die sich als Würfel (Kuben) geometrisch veranschaulichen lassen.

Quadratzahlen lassen sich als Potenzen schreiben mit der Hochzahl ☐

Kubikzahlen lassen sich als Potenzen schreiben mit der Hochzahl ☐

④ **Für Schülerinnen und Schüler, die gerne rechnen!**

Weise nach, dass folgende Zahlen Kubikzahlen sind.

1331 , 2197 , 4096 , 10 648
13 824 , 21 952 , 29 791 , 35 937
46 656 , 64 000 , 132 651 , 238 328

6.2 Quadratzahlen und Flächeninhalt

① Berechne den Flächeninhalt der Quadrate. Miss dazu die Seitenlängen.

a = ___ cm

a = ___ cm

a

Allgemein:

A = ___ cm · ___ cm   A = ___ cm · ___ cm   A = ___ · ___

A = ___ cm^2 A = ___ cm^2 A = ___

② In der Tabelle sind die Flächeninhalte von Quadraten angegeben. Gib jeweils die dazugehörige Seitenlänge a an.

A = 16 cm^2	A = 81 cm^2	A = 144 cm^2	A = 169 cm^2	A = 1 cm^2	A = 400 cm^2
a =	a =	a =	a =	a =	a =

1. Fertige eine Tabelle in deinem Heft an und schreibe die Quadratzahlen bis 400 auf.

2. Die folgenden Zahlen lassen sich als Summe von zwei Quadratzahlen schreiben.

Beispiel: $13 = 9 + 4 = 3^2 + 2^2$

a) 37 = ___ + ___   b) 34 = ___ + ___   c) 25 = ___ + ___

d) 17 = ___ + ___   e) 41 = ___ + ___   f) 68 = ___ + ___

g) 45 = ___ + ___   h) 53 = ___ + ___   i) 29 = ___ + ___

3.

25	22	15	19
29	7	18	32
14	4	27	26
2	39	16	12

Finde die Zahl im Quadrat, die beide Bedingungen erfüllt:

① Die gesuchte Zahl befindet sich in einer Zeile, die keine Quadratzahl enthält.

② Die gesuchte Zahl befindet sich in einer Spalte, die keine Primzahl enthält.

6.3 Kubikzahlen und Rauminhalt (Volumen)

① Berechne den Rauminhalt (das Volumen) der folgenden Würfel. Miss dazu eine passende Kante.

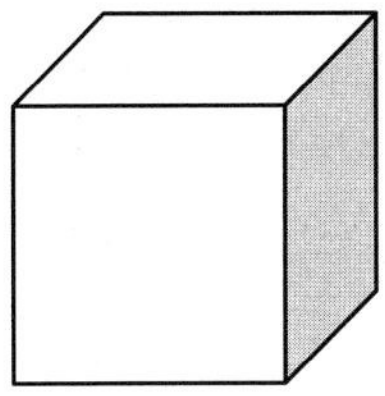

a =

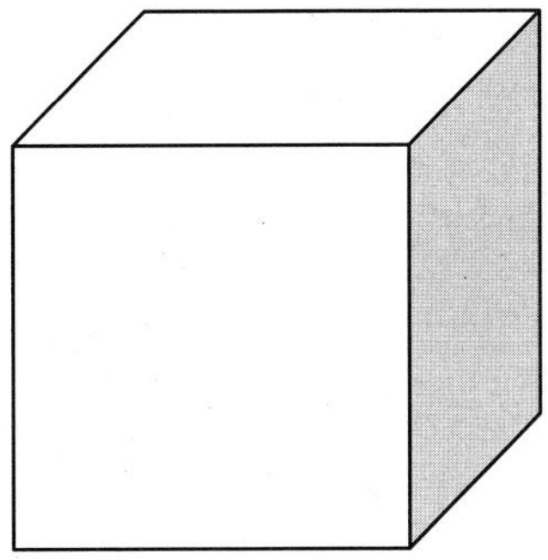

a =

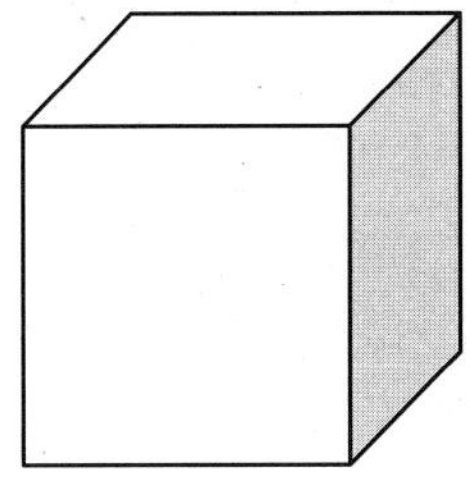

a

V =	V =	Allgemein:
___ cm · ___ cm · ___ cm	___ cm · ___ cm · ___ cm	V = ___ · ___ · ___
V = _____ cm^3	V = _____ cm^3	V = ___

② In der Tabelle sind die Rauminhalte von Würfeln angegeben. Gib jeweils die dazugehörige Kantenlänge a an.

V = 8 cm^3	V = 125 cm^3	V = 1000 cm^3	V = 27 cm^3	V = 1 cm^3	V = 216 cm^3
a =	a =	a =	a =	a =	a =

4. Fertige eine Tabelle in deinem Heft an und schreibe die Kubikzahlen bis 1000 auf.

5. Die folgenden Zahlen lassen sich als Summe oder Differenz von 2 Kubikzahlen schreiben.

Beispiele: $35 = 8 + 27 = 2^3 + 3^3$; $19 = 27 - 8 = 3^3 - 2^3$

a) 72 = _____ + _____ b) 37 = _____ - _____ c) 189 = _____ + _____

d) 98 = _____ - _____ e) 126 = _____ + _____ f) 26 = _____ - _____

g) 224 = _____ + _____ h) 152 = _____ - _____ i) 341 = _____ + _____

6.

27	22	15	20
12	10	18	29
14	4	1	26
6	39	64	12

Finde die Zahl im Quadrat, die beide Bedingungen erfüllt:

① Die gesuchte Zahl befindet sich in einer Zeile, die keine Kubikzahl enthält.

② Die gesuchte Zahl befindet sich in einer Spalte, die eine Primzahl enthält.

6.4 Grenzenloses Wachsen

Du hast dir vorgenommen, einen Monat lang einen besonders guten Eindruck bei deinen Eltern zu hinterlassen: Du machst immer deine Hausaufgaben, erledigst Einkäufe, streitest dich nicht mit deinen Geschwistern, räumst dein Zimmer auf usw. Als kleine Gegenleistung erbittest du am ersten Tag des Monats **einen Cent**, am zweiten Tag **zwei Cent**, an jedem nachfolgenden Tag **das Doppelte** des vorangegangenen Tages. Die Eltern willigen bereitwillig ein, weil es nur Cent-Beträge sind.

a) Die folgende Tabelle gibt an, wie viele Cent die Eltern jeden Tag des Monats dir geben und wie viel du im Ganzen erhältst. Ergänze die Tabelle.

	Cent pro Tag	Cent im Ganzen
1. Tag	1	1
2. Tag	$1 \cdot 2 = 2 = 2^1$	$1 + 2 = 3$
3. Tag	$2 \cdot 2 = 4 = 2^2$	$3 + 4 = 7$
4. Tag		
5. Tag		
6. Tag		
7. Tag		
8. Tag		
9. Tag		
10. Tag		

b) An welchem Tag müssten die Eltern ihrem Kind 2^{14} Cent geben?

2^{14} ist eine Zweierpotenz.

Die **Hochzahl 14** gibt an, wie oft die **Grundzahl 2** als Faktor vorkommt.

c) Schreibe einen Rechenausdruck mit einer Zweierpotenz auf, mit dem man den Geldbetrag für den 30. Tag des Monats berechnen kann.

d) Schätze den Geldbetrag in Euro, den dir deine Eltern am 30. Tag geben müssten. Kreuze an.

50.000 Euro	500.000 Euro	5.000.000 Euro

e) Die Eltern stellen am 11. Tag ihre Zahlungen ein. Sie möchten gerne wissen, wie viel sie in den ersten 11 Tagen zusammen bezahlt haben.

7. Papier falten. Ein DIN A4 - Bogen wird mehrmals nacheinander gefaltet.

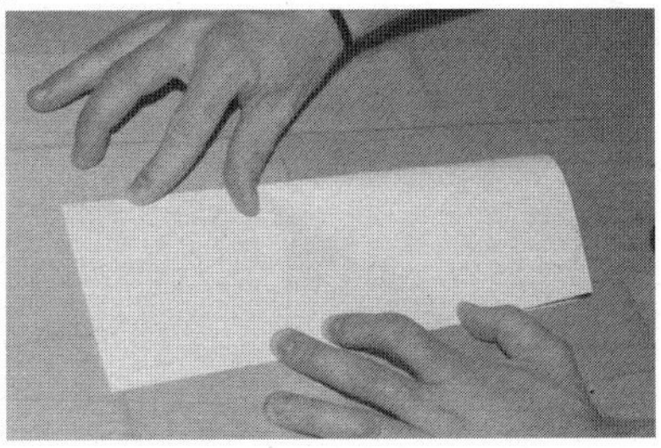

- Wie viele Lagen liegen nach der dritten Faltung übereinander?

1. Faltung	2. Faltung	3. Faltung
_____ Lagen	_____ Lagen	_____ Lagen

- Angenommen, du müsstest das Blatt 6 mal falten. Wie viele Lagen liegen nach dieser Faltung übereinander? Ergänze die Tabelle.

Faltung	1	2	3	4	5	6
Lagen	2	4	8			
Rechnung	2	$2 \cdot 2$	$2 \cdot 2 \cdot 2$			
	⏟	⏟	⏟			
Potenz	2^1	2^2	2^3			

- Bei jedem weiteren Falten bekommst du Schwierigkeiten. Wie viele Lagen würden nach 10-maligem Falten übereinander liegen? Schreibe einen Rechenausdruck und berechne.

$2 \cdot$ ______ = ______ = ______

8. Schreibe als Potenz und berechne den Potenzwert.

a) $4 \cdot 4 \cdot 4 =$ ____ = ____ b) $5 \cdot 5 \cdot 5 \cdot 5 =$ ____ = ____

c) $3 \cdot 3 \cdot 3 =$ ____ = ____ d) $2 \cdot 2 \cdot 2 \cdot 2 \cdot 2 =$ ____ = ____

e) $9 \cdot 9 \cdot 9 =$ ____ = ____ f) $3 \cdot 3 \cdot 3 \cdot 3 \cdot 3 =$ ____ = ____

g) $6 \cdot 6 \cdot 6 \cdot 6 =$ ____ = ____ h) $7 \cdot 7 \cdot 7 =$ ____ = ____

9. Schreibe als Produkt und berechne.

a) $2^4 =$ ______ = b) $4^2 =$ ______ =

c) $10^3 =$ ______ = d) $3^4 =$ ______ =

10. Berechne den Potenzwert.

a) $2^4 =$ ____ b) $5^2 =$ ____ c) $4^3 =$ ____ d) $6^3 =$ ____

e) $10^2 =$ ____ f) $2^6 =$ ____ g) $7^4 =$ ____ h) $13^2 =$ ____

11. Schreibe als Potenz und berechne den Potenzwert.

Beispiel: 4 Faktoren 5 $5^4 = 625$

a) die vierte Potenz von 6

b) fünf Faktoren 4

c) die dritte Potenz von 3

d) acht Faktoren 2

e) die 6. Potenz von 4

f) drei Faktoren 8

g) Potenz mit der Grundzahl 10 und der Hochzahl 3

h) Potenz mit der Grundzahl 2 und der Hochzahl 10

12. Schreibe als Potenz.

Beispiel: $32 = 2^5$

a) $27 =$

b) $125 =$

c) $256 =$

d) $81 =$

e) $64 =$

f) $8 =$

g) $16 =$

h) $100 =$

13. Bestimme die Hochzahl.

Beispiel: $4^x = 64$ $x = 3$

a) $4^x = 16$ $x =$

b) $10^x = 100$ $x =$

c) $2^x = 128$ $x =$

d) $6^x = 216$ $x =$

e) $5^x = 125$ $x =$

f) $2^x = 256$ $x =$

g) $4^x = 256$ $x =$

h) $6^x = 1296$ $x =$

i) $15^x = 225$ $x =$

14. Bestimme die Grundzahl.

Beispiel: $x^3 = 27$ $x = 3$

a) $x^6 = 64$ $x =$

b) $x^2 = 64$ $x =$

c) $x^4 = 81$ $x =$

d) $x^8 = 256$ $x =$

e) $x^4 = 625$ $x =$

f) $x^{10} = 1$ $x =$

15. Zerlege die Zahlen in ihre Primfaktoren und schreibe als Potenz.

Beispiel: $36 = 2 \cdot 2 \cdot 3 \cdot 3 = 2^2 \cdot 3^2$

a) $50 =$ ___ · ___ · ___ =

b) $40 =$ ___ · ___ · ___ · ___ =

c) $100 =$ ___ · ___ · ___ · ___ =

d) $20 =$ ___ · ___ · ___ =

e) $72 =$ ___ · ___ · ___ · ___ · ___ =

f) $180 =$ ___ · ___ · ___ · ___ · ___ =

16. Berechne das Produkt.

Beispiel: $5^2 \cdot 3^2 =$ 25 · 9 = 225

a) $3^3 \cdot 5 =$ ___ · ___ = ___

b) $10^3 \cdot 2^4 =$ ___ · ___ = ___

c) $4^3 \cdot 10^1 =$ ___ · ___ = ___

d) $2^3 \cdot 5^3 =$ ___ · ___ = ___

17. Ergänze.

a) Null hoch eine Zahl ist immer ______.

b) Eins hoch eine Zahl ist immer ______.

18. Berechne in deinem Heft.

Beispiel: $5 \cdot 3^2 + 4^3 = 5 \cdot \mathbf{9} + 64 = 45 + 64 = 109$

a) $4 \cdot 8^3 - 2^5$

b) $10^3 - 3 \cdot 5^3$

c) $2 \cdot 3^4 - 12^2$

d) $7 \cdot 3^3 + 5 \cdot 6^2 - 13^2$

e) $16 \cdot 1^{10} + 7 \cdot 2^8$

f) $500 - 4 \cdot 5^3 + 2 \cdot 13^1$

19. Berechne in deinem Heft.

a) Welche Basis gehört zu der Potenz mit der Hochzahl 3, welche 343 ergibt?

b) Welche Hochzahl hat die Potenz mit der Basis 4, die 256 ergibt?

6.5 Zehnerpotenzen

① Vielfache von 10 hast du bereits beim Stellenwertsystem kennen gelernt.

- Hier siehst du einen Auszug aus der Stellenwerttafel. Vervollständige sie.

	Tausender					
…	HT	ZT	T	H	Z	E
					10	1
…					**10^1**	**1**

- Ergänze den folgenden Satz.

Potenzen mit der Grundzahl ______ heißen **Zehner**potenzen.

② Zerlege die Zahl in ihre Stellenwerte. Schreibe dann als Summe von Zehnerpotenzen.

3682 =	3 T	+ 6 H	+ 8 Z	+ 2 E	
3682 =	3 · ___	+ 6 · ___	+ 8 · ___	+ 2 · 1	Stufenzahl
3682 =	3 · ___	+ 6 · ___	+ 8 · ___	+ 2 · 1	Zehnerpotenz

20. Schreibe als Potenz mit der Grundzahl 10.

a) hundert b) zehntausend c) eine Million d) tausend

21. Schreibe die Zahlen mit Zehnerpotenzen.

Beispiel: 800 = $8 \cdot 100 = 8 \cdot 10^2$

a) 500 = ___ · ___ = ___ · ___ b) 7000 = ___ · ___ = ___ · ___

c) 6000 = ___ · ___ = ___ · ___ d) 19000 = ___ · ___ = ___ · ___

22. Schreibe die Zahlen ohne Zehnerpotenzen.

Beispiel: $5 \cdot 10^3 = 5 \cdot 1000 = 5000$

a) $7 \cdot 10^2$ = ___ · ___ = ___ b) $9 \cdot 10^1$ = ___ · ___ = ___

c) $3 \cdot 10^4$ = ___ · ___ = ___ d) $8 \cdot 10^3$ = ___ · ___ = ___

23. Schreibe die Zahlen in der Stellenwertschreibweise mit Zehnerpotenzen.

Beispiel: $897 = 8 \cdot 10^2 + 9 \cdot 10^1 + 7 \cdot 1$

a) 623 = ___ · ___ + ___ · ___ + ___ · ___   b) 375 = ___ · ___ + ___ · ___ + ___ · ___

c) 2301 = ___ · ___ + ___ · ___ + ___ · ___   d) 4079 = ___ · ___ + ___ · ___ + ___ · ___

e) 456 = ___ · ___ + ___ · ___ + ___ · ___   f) 1860 = ___ · ___ + ___ · ___ + ___ · ___

24. Schreibe die Zahlen in der Stellenwertschreibweise mit Zehnerpotenzen.

a) 682   b) 984   c) 6918   d) 79 867

e) 5910   f) 756   g) 7961   h) 279 123

25. Schreibe die Zahlen in der Ziffernschreibweise.

Beispiel: $4 \cdot 10^3 + 3 \cdot 10^2 + 5 \cdot 10^1 + 7 \cdot 1 =$ 4 000 + 300 + 50 + 7 = 4 357

a) $9 \cdot 10^3 + 5 \cdot 10^2 + 8 \cdot 10^1 + 3 \cdot 1 =$

b) $8 \cdot 10^2 + 6 \cdot 10^1 + 5 \cdot 1 =$

c) $3 \cdot 10^4 + 4 \cdot 10^3 + 5 \cdot 10^2 + 6 \cdot 10^1 =$

d) $7 \cdot 10^3 + 9 \cdot 10^2 + 8 \cdot 10^1 + 8 \cdot 1 =$

e) $1 \cdot 10^4 + 3 \cdot 10^3 + 6 \cdot 10^2 + 9 \cdot 1 =$

26. Fülle die Subtraktionsmauer aus (linke Zahl – rechter Nachbar). Was fällt dir auf?

10^2	9^2	8^2	7^2	6^2	5^2	4^2

27. Welche Kärtchen gehören zusammen?

①	②	③	④	⑤	⑥	⑦	⑧
10^3	$5 \cdot 10^1$	10^2	$7 \cdot 10^3$	$8 \cdot 10^2$	10^4	10^1	$6 \cdot 10^2$

A	B	C	D	E	F	G	H
100	10000	800	600	50	10	1000	7000

① ___							

Das Halbierungsspiel

Du startest mit einer Zahl. ① Ist die Zahl gerade, so wird sie halbiert.

② Ist die Zahl ungerade, wird eins dazu addiert.

Mit der neu entstandenen Zahl machst du wieder das gleiche, bis du bei **1** ankommst.

a) Ergänze die Darstellung für die angegebenen Zahlen.

b) Führe das Halbierungsspiel durch für die Zahlen 100, 21, 55 und 256. Notiere die Anzahl der Schritte und übertrage sie in die Tabelle.

Startzahl	100	21	55	256
Anzahl der Schritte				

c) Es gibt Zahlen, bei denen du nur die Regel ① anwenden musst. Schreibe vier Zahlen davon auf. Begründe deine Entscheidung.

d) Überprüfe das Halbierungsspiel für folgende Zahlen. Was fällt dir auf?

- 2^6 und $2^6 + 1$
- 2^3 und $2^3 + 1$
- 2^5 und $2^5 + 1$
- 2^9 und $2^9 + 1$

e) Gib die Anzahl der Schritte beim Halbierungsspiel für verschiedene Startzahlen an.

Startzahl	10	11	12	13	14	15	16	17	18	19
Anzahl der Schritte										

KidS

① Mona bekommt von ihrem Vater zum 10. Geburtstag 1 Cent. Er verspricht Mona, diesen Betrag fortlaufend zu jedem weiteren Geburtstag zu verdoppeln. Bernd, Monas größerer Bruder, lacht Mona aus, weil er von seinem Patenonkel an jedem Geburtstag 5 € bekommt.

a) Nach wie viel Jahren erhält Mona am Geburtstag mehr als Bernd?

b) Wie viel Geld bekommt Mona nach 15 Jahren? ☹ 😐 ☺

② Bestimme, welche Zahl du zu der ersten addieren musst, um die nächst größere Zweierpotenz zu erhalten. ☹ 😐 ☺

61	+	3	=	64
95	+		=	
196	+		=	
832	+		=	
19	+		=	

③ Richtig oder falsch? ☹ 😐 ☺

a) Jede Zweierpotenz ist eine Quadratzahl. ❑ richtig ❑ falsch

b) Jede Quadratzahl ist eine Potenz mit der Hochzahl 2. ❑ richtig ❑ falsch

c) Jede zweite Zweierpotenz ist eine Quadratzahl. ❑ richtig ❑ falsch

d) Es gibt eine Zahl, die gleichzeitig 2er und 3er Potenz ist. ❑ richtig ❑ falsch

④ Ergänze die Tabelle. ☹ 😐 ☺

1	·	7	=	4^2	-	9	=	7
2	·	8	=	5^2	-	9	=	16
	·		=		-		=	
	·		=		-		=	
	·		=		-		=	

⑤ Schreibe die Zahlen als Differenz von zwei Quadratzahlen. ☹ 😐 ☺

a)	3	=		-		b)	11	=		-	
c)	15	=		-		d)	32	=		-	
e)	7	=		-		f)	56	=		-	

AUF EINEN BLICK

Dreieckszahlen

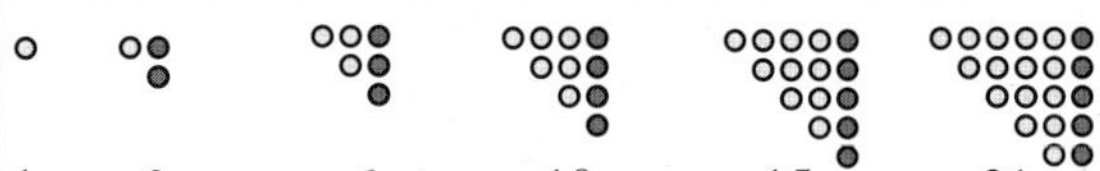

Eine Dreieckszahl ist eine Zahl, welche sich aus der Summe von 1 und aller darauffolgenden natürlichen Zahlen bis zu einer Obergrenze ergibt.

Beispiel: Die 7. Dreieckszahl lautet:

$1 + 2 + 3 + 4 + 5 + 6 + 7 = 28$

Quadratzahlen

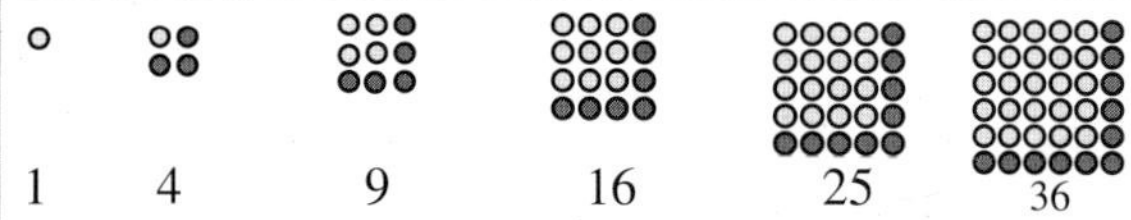

Eine Quadratzahl ist eine Zahl, die durch Multiplikation einer natürlichen Zahl mit sich selbst entsteht.

Beispiel: $2 \cdot 2 = 4$ $5 \cdot 5 = 25$
$7 \cdot 7 = 49$ $10 \cdot 10 = 100$

Kubikzahlen

Der Name Kubikzahl erklärt sich aus der Veranschaulichung durch Würfel und den Steckverbindungen. Wie viele Steckverbindungen (□) werden jeweils benötigt?

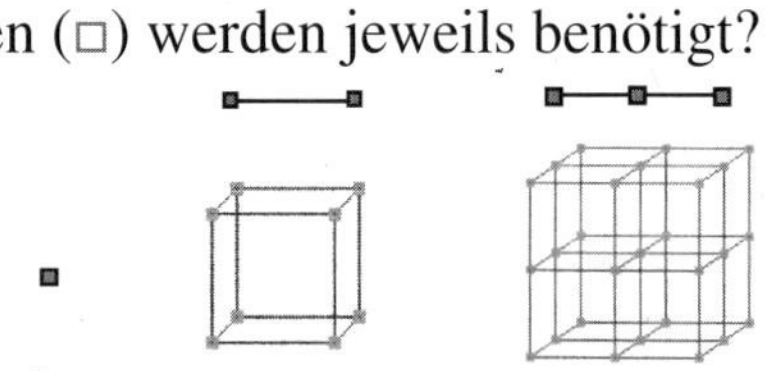

Eine Kubikzahl ist eine Zahl, die sich als Produkt dreier gleicher Faktoren aus natürlichen Zahlen schreiben lässt.

Beispiel: $2 \cdot 2 \cdot 2 = 8$; $3 \cdot 3 \cdot 3 = 27$

Potenzen

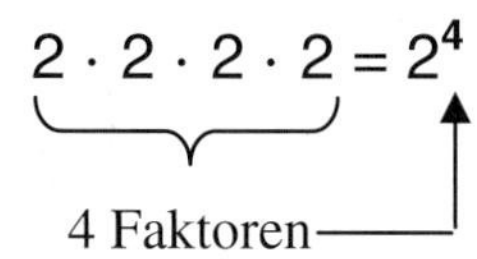

Ein Produkt, in dem ein Faktor mehrmals auftritt, kann kürzer als Potenz geschrieben werden. Die Hochzahl 4 gibt an, wie oft die Grundzahl 2 als Faktor zu stehen hat.

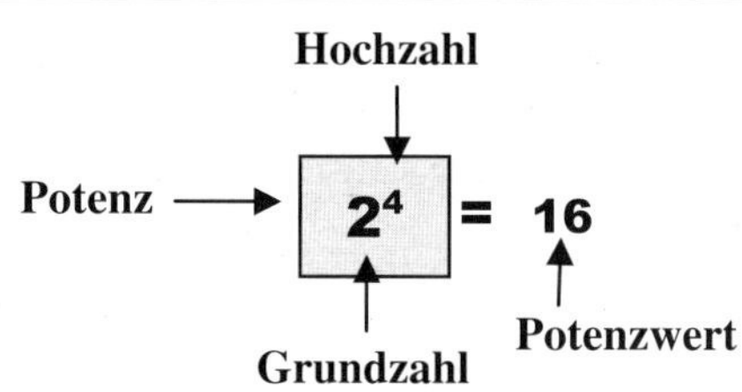

Quadratzahl und Flächeninhalt

Quadratzahlen sind Zahlen, die sich als Quadrate geometrisch veranschaulichen lassen.

$A = a \cdot a \quad [a^2]$
$A = 6\text{ cm} \cdot 6\text{ cm}$
$A = 36\text{ cm}^2$

Kubikzahl und Rauminhalt

Kubikzahlen sind Zahlen, die sich als Würfel geometrisch veranschaulichen lassen.

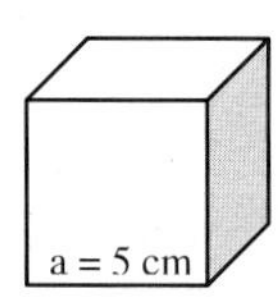

$V = a \cdot a \cdot a \quad [a^3]$
$V = 5\text{ cm} \cdot 5\text{ cm} \cdot 5\text{ cm}$
$V = 125\text{ cm}^3$

Zehnerpotenzen: Potenzen mit der Grundzahl 10 heißen Zehnerpotenzen.

$10^1 =$	10	=	10
$10^2 =$	$10 \cdot 10$	=	100
$10^3 =$	$10 \cdot 10 \cdot 10$	=	1 000
$10^4 =$	$10 \cdot 10 \cdot 10 \cdot 10$	=	10 000
$10^5 =$	$10 \cdot 10 \cdot 10 \cdot 10 \cdot 10$	=	100 000
$10^6 =$	$10 \cdot 10 \cdot 10 \cdot 10 \cdot 10 \cdot 10$	=	1 000 000

7

Stochastik

7.1 Befragungen

Für viele Entscheidungen des täglichen Lebens sind Informationen über Einstellungen, Meinungen, Wissen und Verhaltensweisen von Menschen sehr wichtig. Bei einer Befragung (Meinungsumfrage) werden solche Informationen systematisch erhoben.

Zwei Wochen vor dem Wahltermin des Klassensprechers der Klasse 6a werden die sechs Kandidaten zu folgenden Aufgaben eines Klassensprechers befragt:

- vertritt die Interessen der Schüler,
- gibt Vorschläge und Wünsche der Klasse an Lehrer und Elternvertreter weiter,
- trägt Beschwerden und Kritik vor,
- vermittelt bei Streit unter Schülern bzw. Schwierigkeiten zwischen Klasse und Lehrer.

Nach Abschluss der Kandidatenbefragung erhalten die Schülerinnen und Schüler ein Blatt Papier mit der Frage:

"Wen würdest Du als Schülervertreter auswählen, wenn heute Klassensprecherwahlen wären?"

Die Ergebnisse der Umfrage sind in der folgenden Tabelle erfasst.

		Kandidaten					
Schüler	Nr.	Mandy	Cynthia	Eduard	Dagmar	Katharina	Bernd
Schülerliste der Klasse 6a (anonym)	1				X		
	2			X			
	3		X				
	4				X		
	5			X			
	6	X					
	7				X		
	8					X	
	9			X			
	10						X
	11	X					
	12	X					
	13				X		
	14			X			
	15					X	
	16			X			
	17						X
	18				X		
	19		X				
	20					X	
	21			X			
	22				X		
	23					X	
	24				X		
	25	X					
	26					X	
	27			X			
	28			X			
	29				X		
	30			X			

a) Ergänze die Tabelle.

	Strichliste	Anzahl
Mandy		
Cynthia		
Eduard		
Dagmar		
Katharina		
Bernd		

b) Vervollständige das Säulendiagramm.

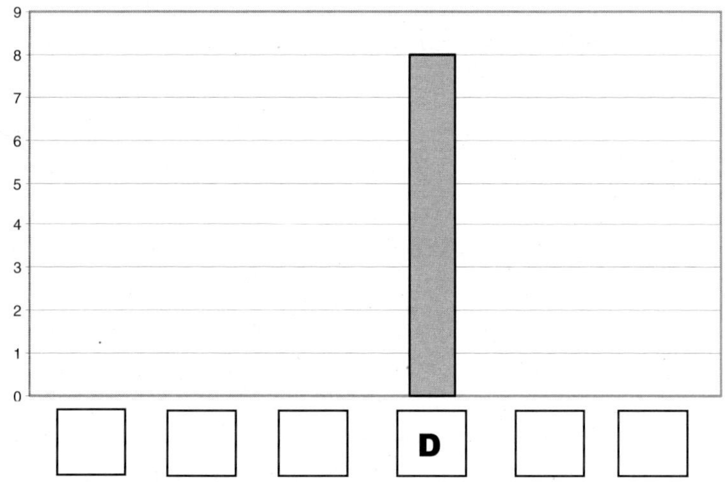

c) Ordne Kandidaten in die folgende Tabelle ein.

Umfragewerte	Kandidaten
Umfragetief	
Umfragehoch	

1. Auch in der Klasse 6d wird eine Kandidatenbefragung mit anschließender Vorwahl eines Klassensprechers durchgeführt. Das Umfrageergebnis ist im folgenden Diagramm dargestellt.

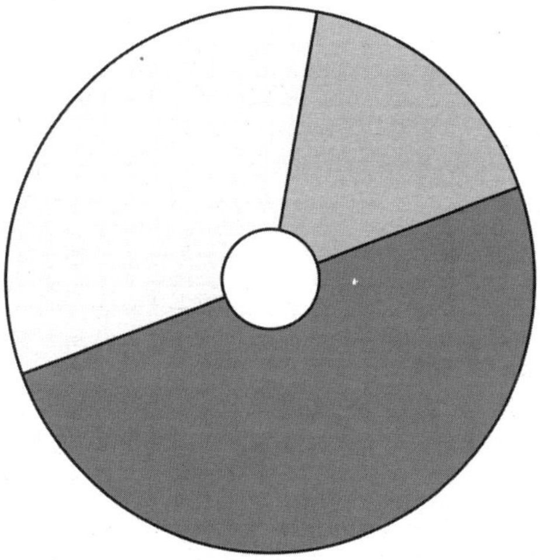

a) Wie viele Kandidaten gibt es in der 6d?

b) Wie viele Stimmen haben die einzelnen Kandidaten bei 30 abgegebenen Stimmen erhalten?

c) Die Klasse 6c konnte ihr Umfrageergebnis mit dem gleichen Diagramm darstellen, sie haben aber nur 24 abgegebene Stimmen. Wie viele Stimmen haben dort die einzelnen Kandidaten erhalten?

2. Bei einer bundesweiten Umfrage zum Thema „Medien und Nutzungsverhalten“ der 12 bis 14-Jährigen wurden Jugendliche aus ganz Deutschland ausgewählt, um ihr Medienverhalten zu erfassen.

Eine solche Auswahl von Jugendlichen aus allen Jugendlichen Deutschlands im Alter zwischen 12 und 14 Jahren nennt man Stichprobe, die Ergebnisse aus der Stichprobe lassen sich dann auf alle Jugendlichen dieser Altersgruppe übertragen. Eine solche Umfrage nennt man Repräsentativumfrage.

Untersucht wurde die Nutzungshäufigkeit der vier Medien **Zeitung**, **Radio**, **Fernsehen** und **Internet**. Die befragten Jugendlichen sollten die folgenden vier Fragen beantworten.

Wie oft nutzt ihr das Medium Zeitung? Kreuze an.

○ nie ○ selten ○ gelegentlich ○ oft ○ immer

Wie oft nutzt ihr das Medium Radio? Kreuze an.

○ nie ○ selten ○ gelegentlich ○ oft ○ immer

Wie oft nutzt ihr das Medium Fernsehen? Kreuze an.

○ nie ○ selten ○ gelegentlich ○ oft ○ immer

Wie oft nutzt ihr das Medium Internet? Kreuze an.

○ nie ○ selten ○ gelegentlich ○ oft ○ immer

a) Das Umfrageergebnis für die Nutzung des Mediums Radio wird in folgender Häufigkeitstabelle dargestellt.

Medium	**Radio**				
Nutzung	nie	selten	gelegentlich	oft	immer
Häufigkeit	431	876	631	355	207

- Wie viele Jugendliche haben an der Umfrage teilgenommen (Umfang der Stichprobe)?

b) Das Umfrageergebnis für die Nutzung des Mediums Fernsehen ist in folgendem Säulendiagramm dargestellt.

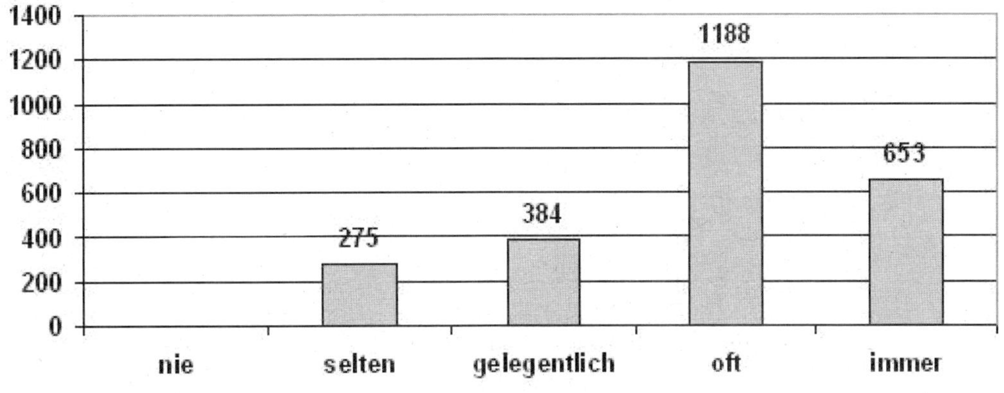

- ❑ richtig ❑ falsch

  Das Medium Fernsehen wird ungefähr von $\frac{1}{4}$ der Jugendlichen **immer** genutzt.

c) Das Umfrageergebnis für die Nutzung des Mediums Computer ist durch das folgende Säulendiagramm dargestellt. Fertige eine Häufigkeitstabelle an.

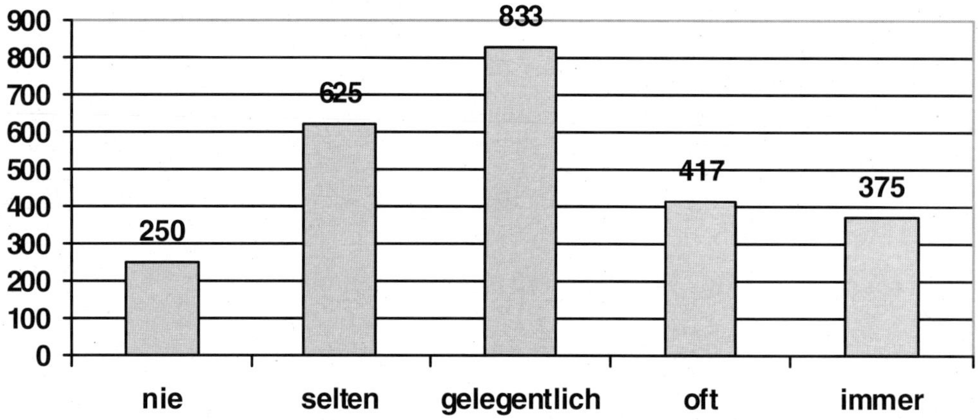

- ❑ richtig ❑ falsch
  Genau 25% der Befragten nutzen **selten** das Medium Computer.

d) Welches Kreisdiagramm passt zur folgenden Häufigkeitstabelle? Kreuze an und begründe deine Entscheidung.

Medium	**Zeitung**				
Nutzung	nie	selten	gelegentlich	oft	immer
Häufigkeit	500	350	1375	150	125

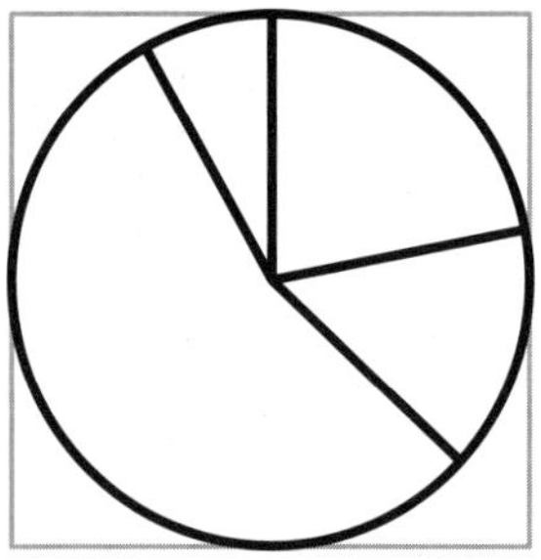

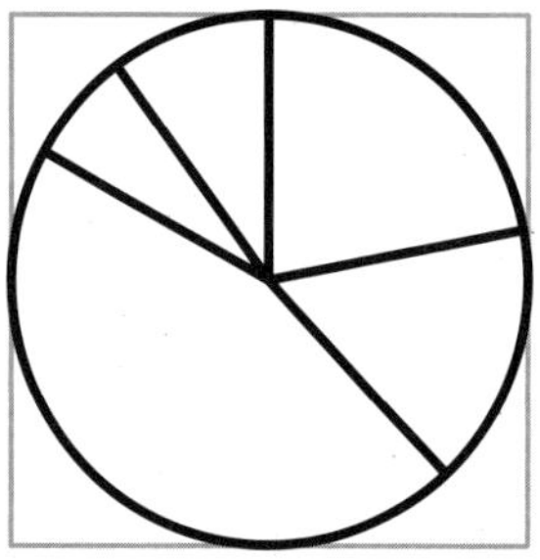

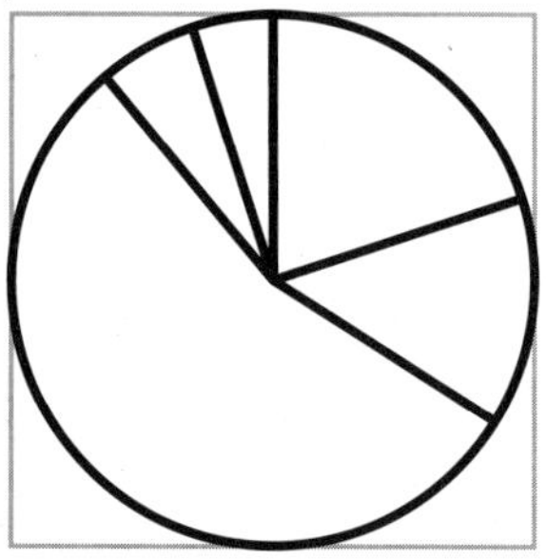

☐ ☐ ☐

e) Eine Zeitung kommentiert die Nutzungshäufigkeit des Mediums **Zeitung** wie folgt. Kreuze an, ob der Kommentar stimmt oder nicht stimmt.

	Kommentare	stimmt	stimmt nicht
1.	Mehr als die Hälfte aller Jugendlichen aus der Altersgruppe 12 bis 14 Jahren nutzen gelegentlich eine Zeitung, um sich zu informieren.		
2.	Es ist erschreckend, dass etwa ein Viertel aller Jugendlichen zwischen 12 und 14 Jahren selten oder gar nicht eine Zeitung zur Information nutzen.		
3.	An den Zahlen erkennt man, dass Zeitungen für Jugendliche zwischen 12 und 14 Jahren immer noch attraktiv sind.		

7.2 Datensätze charakterisieren

Streumaße: Maximum, Minimum, Spannweite

Schlagworte, wie Datenflut, BIG DATA, Steuerdaten, Datenautobahn, Datenklau usw., beherrschen die öffentliche Diskussion. Das 21. Jahrhundert ist das Datenzeitalter.

Unter einem Datensatz versteht man eine große Menge von Datenwerten zu einem gleichen Inhalt, z. B. das Alter aller Schüler einer Schule oder die Leistungen in Mathematik werden erfasst.

Beispiel: Sportfest
Disziplin: Mannschaftswettbewerb Schlagballweitwurf.
Teilnehmer: Mannschaft **Tiger**; Mannschaft **Puma**.
Ergebnis:
1. Diagramm: **Tiger**, Weiten in Meter.
2. Diagramm: **Puma**, Weiten in Meter.

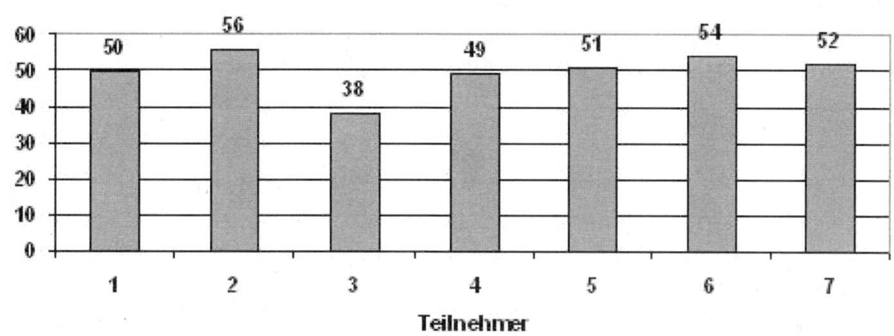

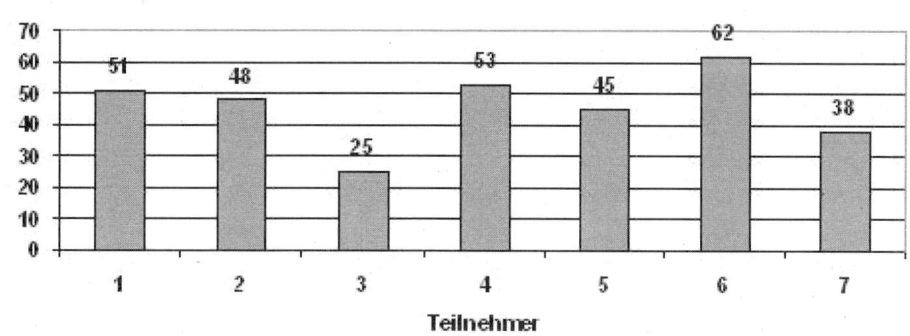

a) Aus wie vielen Teilnehmern besteht jede Mannschaft?

b) Ordne bei jeder Mannschaft die Datenwerte der Größe nach.

Mannschaft **Tiger**							
Mannschaft **Puma**							

c) Berechne bei jeder Mannschaft den Unterschied zwischen dem größten und kleinsten Datenwert.

Mannschaft **Tiger**: Mannschaft **Puma**:

d) Wie unterscheiden sich die Weitwurfergebnisse der beiden Mannschaften?

Der größte Datenwert heißt M________________ des Datensatzes.
Der kleinste Datenwert heißt M________________ des Datensatzes.
Der Unterschied zwischen Maximum und Minimum ist die
S____________________ des Datensatzes.

3. Neun Schüler haben sich wiegen lassen. Ihre Gewichte in kg haben sie mit einem Zettel an die Pinnwand geheftet.

Ein ungeordneter Datensatz heißt **Urliste**.

a) Ordne die Gewichte der Größe nach. Die Maßeinheit brauchst du nicht aufzuschreiben. Beginne mit der kleinsten Zahl.

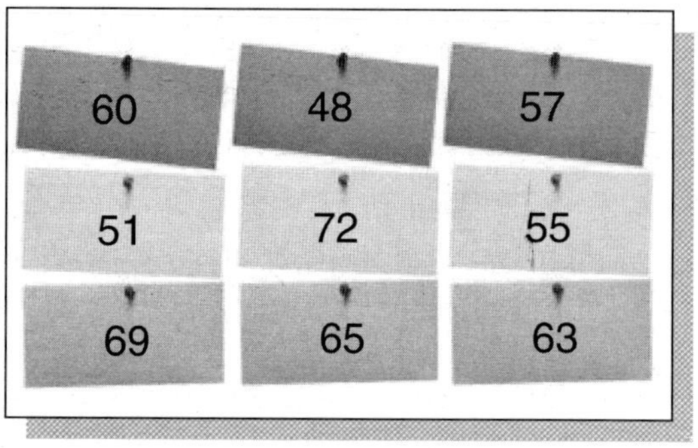

b) Minimum Maximum Spannweite

4. Fahrschüler wurden nach der Dauer ihres einfachen Schulweges gefragt. Hier ihre Angaben in einer Urliste (Angaben in Minuten).

Schüler	A	B	C	D	E	F	G	H
Dauer	12	6	15	5	10	8	11	13

a) Ordne die jeweiligen Schüler zu.

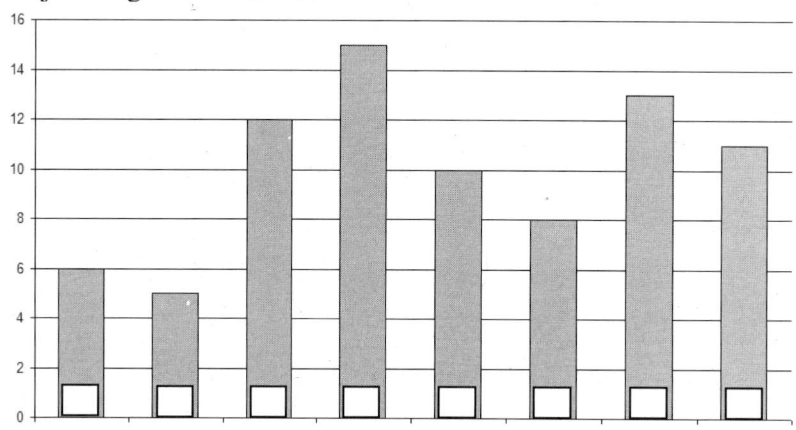

b) Fertige eine geordnete Liste an. Beginne mit der kleinsten Zahl.

c) Minimum: Maximum:

d) Berechne die Spannweite: - =

5. Familie Sörensen aus Hamburg möchte ihren Urlaub im Süden verbringen. Sie vergleichen die Klimawerte von Palma de Mallorca (Spanien) und Antalya (Türkei) mit denen von Hamburg.

Hamburg													
		Jan	Febr	März	April	Mai	Juni	Juli	Aug	Sept	Okt	Nov	Dez
Temp.	°C	1,3	1,7	4,4	7,8	12,6	15,4	17,4	17,2	13,6	9,4	5,1	2,5
Niederschlag	mm	37	35	36	39	30	14	9	20	50	63	47	44

Palma de Mallorca (Spanien)													
		Jan	Febr	März	April	Mai	Juni	Juli	Aug	Sept	Okt	Nov	Dez
Temp.	°C	9,2	9,6	10,6	12,5	16,4	20,8	23,8	24,1	21,6	17,6	13,1	10,5
Niederschlag	mm	37	35	36	39	30	14	9	20	50	63	47	44

Antalya (Türkei)													
		Jan	Febr	März	April	Mai	Juni	Juli	Aug	Sept	Okt	Nov	Dez
Temp.	°C	9,8	10,3	12,7	16,1	20,3	25	28,1	27,7	24,5	19,6	14,8	11,4
Niederschlag	mm	239	196	104	46	29	9	3	1	11	71	134	228

Charakterisiere das Klima von Hamburg, Palma de Mallorca und Antalya mithilfe der Streumaße Maximum, Minimum und Spannweite.

Hamburg	Maximum	Minimum	Spannweite
Temperatur			
Niederschlag			

Palma	Maximum	Minimum	Spannweite
Temperatur			
Niederschlag			

Antalya	Maximum	Minimum	Spannweite
Temperatur			
Niederschlag			

6. Klassenarbeit in Mathematik: Die Anzahl der Punkte, die die Schüler in der Klassenarbeit erreicht haben, ist im nebenstehenden Diagramm dargestellt.

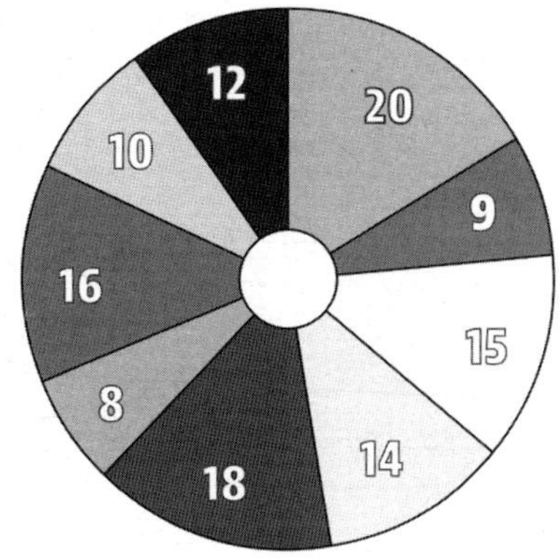

a) Fertige eine geordnete Liste an. Beginne mit der geringsten Punktzahl.

b) Minimum:

Maximum: Spannweite:

7. Die Schule A hat 24 Lehrer und Lehrerinnen, die Schule B 30 Lehrer und Lehrerinnen. Das Alter der Lehrpersonen ist in folgender Urliste festgehalten.

Schule A

36	44	28	53	26	48	62	31	57	43	49	57
44	28	65	56	43	52	34	48	55	29	32	47

Schule B

34	42	46	32	36	45	40	33	41	46	35	37	41	38	39
43	45	34	39	41	42	40	35	41	40	39	42	32	37	40

Charakterisiere mithilfe der Streumaße Maximum, Minimum und Spannweite die beiden Lehrerkollegien.

Schule A

Maximum	Minimum	Spannweite

Schule B

Maximum	Minimum	Spannweite

7.3 Datensätze charakterisieren

Mittelwerte: Durchschnitt(swert) m, Zentralwert z

Mittelwerte geben die Mitte eines Datensatzes an.

Das Diagramm zeigt die Messung der höchsten Tagestemperaturen in °C in einer Woche im Spätherbst.

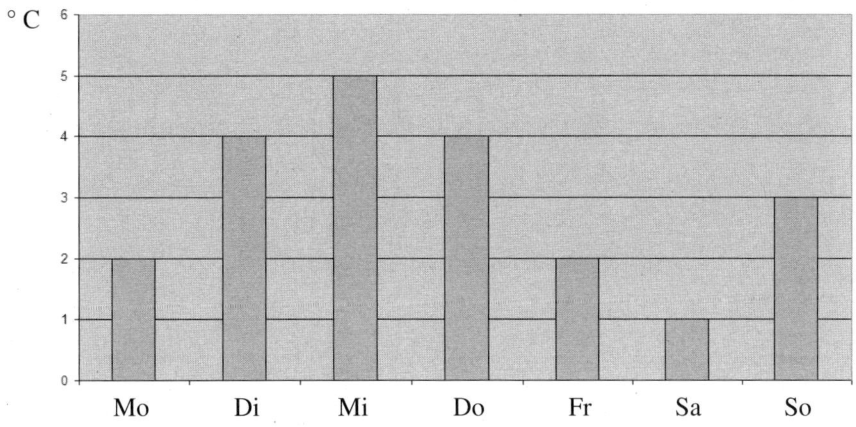

a) Berechne die durchschnittliche Temperatur in dieser Woche. Die nachstehende Abbildung soll dir bei deinen Überlegungen helfen.

$$\frac{\square + \square + \square + \square + \square + \square + \square}{\square} = \frac{\square}{\square} = \square$$

m

b) Trage den Durchschnittswert als waagerechte Linie in das Diagramm ein.

c) An wie vielen Tagen liegen die Temperaturen unterhalb/oberhalb dieses Mittelwertes, an wie vielen Tagen genau auf diesem Mittelwert?

d) Bewerte folgende Aussage. Kreuze an.

Der Durchschnittswert ist immer ein Datenwert aus dem Datensatz. richtig ☐ falsch ☐

e) Gib eine Wortformel an, mit der man den Durchschnittswert von Zahlen berechnen kann. Vervollständige.

Durchschnitt m = ______________________________

8. Ein Obsthändler verkauft an fünf Wochentagen auf dem Markt Erdbeeren.

Wochentag	Montag	Dienstag	Mittwoch	Donnerstag	Freitag
Menge	15 kg	21 kg	27 kg	9 kg	18 kg

a) Ergänze das Diagramm.

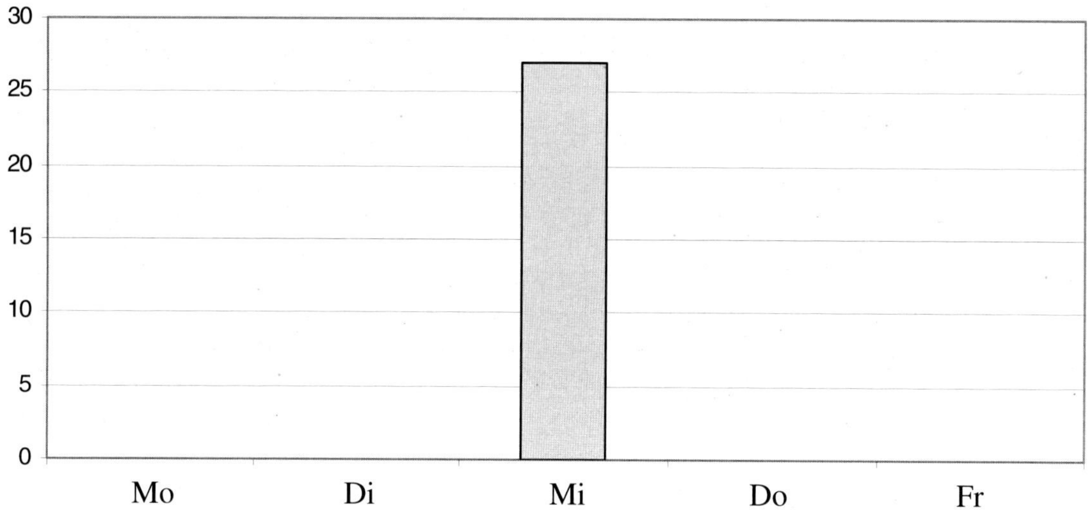

b) Berechne die durchschnittliche Verkaufsmenge pro Tag.

$$\frac{\square + \square + \square + \square + \square}{\square} = \frac{\square}{\square} = \square$$

c) Trage den Durchschnittswert als waagerechte Linie in das Diagramm ein.

d) • An welchem Tag wird exakt die durchschnittliche Menge verkauft?
- An welchen Tagen liegt die Verkaufsmenge über dem Durchschnitt, wann darunter?

9. Sven, Tina und Alexander wollen in den bevorstehenden Sommerferien gemeinsam eine Radtour machen. Sie beschließen, ihr gespartes Taschengeld in eine gemeinsame Kasse zu legen und gleichmäßig untereinander aufzuteilen; Sven hat 18 € gespart, Tina 25 € und Alexander sogar 32 €.

a) Wie viel Geld befindet sich in der gemeinsamen Kasse? Wie viel Geld kann jeder Mitfahrer durchschnittlich ausgeben? Schätze zuerst und rechne dann.

b) Sven freut sich über die Einrichtung einer gemeinsamen Kasse, Tina ist es egal und Alexander steht der gemeinsamen Kasse kritisch gegenüber. Begründe die Einstellungen der drei Radfahrer.

c) Peter möchte sich an der Radtour beteiligen. Er kann 21 € zur gemeinsamen Kasse beisteuern. Wie viel erhält nun jeder? Schätze wieder vor dem Rechnen.

d) Tanja und Thomas wollen auch mitfahren. Tanja legt 28 € Taschengeld in die gemeinsame Kasse. Wie viel Geld muss Thomas in die gemeinsame Kasse legen, damit jeder der sechs Freunde über 25 € verfügen kann?

10. Beim Schlagballweitwurf werden die Weiten zweier Gruppen in einer Tabelle festgehalten (alle Angaben in Meter). Die Ergebnisse werden statistisch ausgewertet.

Gruppe A	50	56	38	49	51	54	52
Gruppe B	42	51	34	58	47	50	54

a) Gib für jede Gruppe das Minimum, das Maximum und die Spannweite an.

Gruppe A	Minimum:	Maximum:	Spannweite:
Gruppe B	Minimum:	Maximum:	Spannweite:

b) Berechne für jede Gruppe den Mittelwert.

Gruppe A	Durchschnitt:	Gruppe B	Durchschnitt:

11. Das Hotel „Panoramablick" hat seine Übernachtungszahlen von März bis Oktober in einem Diagramm dargestellt. Das Diagramm ist jedoch unvollständig.

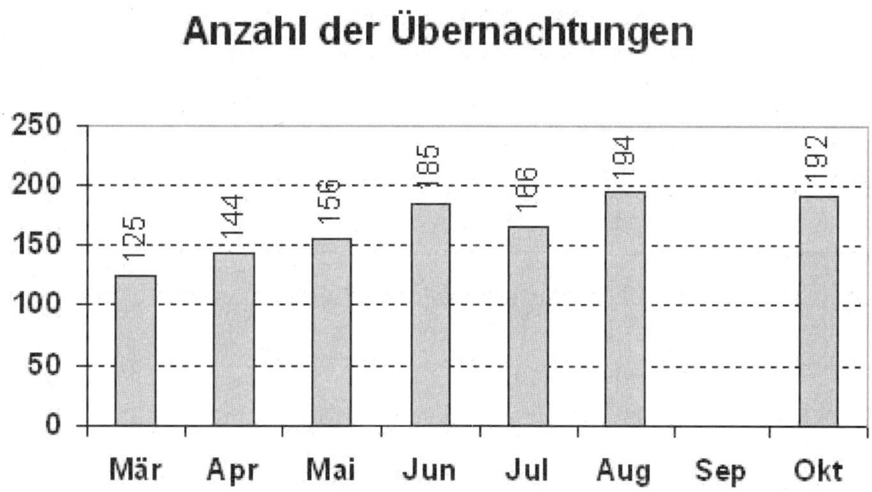

a) Der Geschäftsführer soll das Diagramm ergänzen. Er erinnert sich nur noch daran, dass im Durchschnitt pro Monat 172 Übernachtungen gebucht waren. Wie viele Übernachtungen hatte das Hotel im September? Rechne.

Übernachtungen September:

b) Vervollständige das Diagramm, in dem du die fehlende Säule für den Monat September einzeichnest und den Durchschnitt als waagerechte Linie einträgst

c) Charakterisiere die Übernachtungszahlen mithilfe der Streu- und Lagemaße.

12. Bei der letzten Klassenarbeit hat Malte die Durchschnittsnote mit der folgenden Formel berechnet.

$$\text{Durchschnitt} = \frac{2\cdot 1 + 8\cdot 2 + 8\cdot 3 + 3\cdot 4 + 3\cdot 5 + 1\cdot 6}{25}$$

a) Wie viele Schüler haben die Klassenarbeit mitgeschrieben?

b) Berechne die Durchschnittsnote bei dieser Klassenarbeit.

c) Ergänze den Notenspiegel.

Note	1	2	3	4	5	6
Anzahl						

d) Die Notenverteilung der Klassenarbeit soll im folgenden Säulendiagramm dargestellt werden. Ergänze das Diagramm.

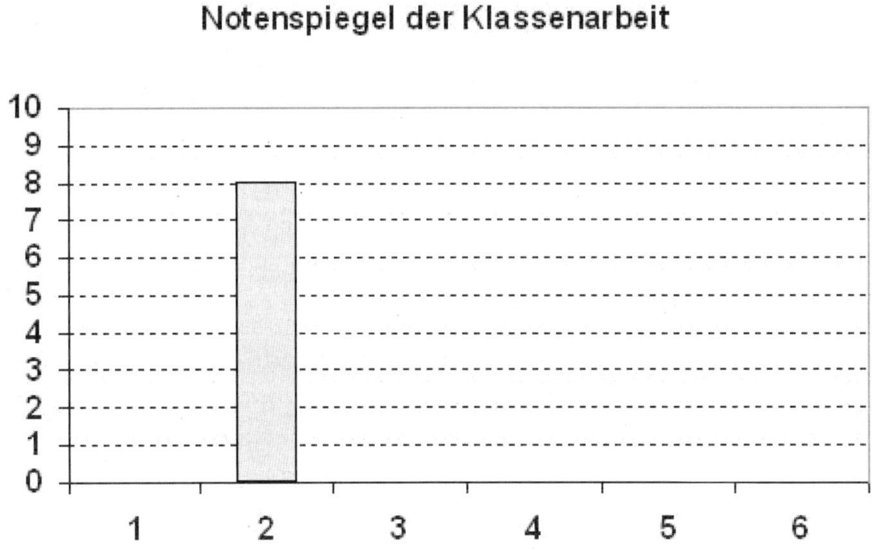

e) Ein Schüler muss die Klassenarbeit nachschreiben. Mit welchen Noten könnte der Nachschreiber die Durchschnittsnote verbessern? Begründe deine Antwort.

13. Die Tabelle zeigt die Notenverteilung der letzten Mathematikarbeit in der Klasse 6d.

Note	1	2	3	4	5	6
Anzahl	3	6	12	7	1	1

a) Wie viele Schüler haben die Arbeit mitgeschrieben?

b) Schreibe eine Formel auf, mit der man die Durchschnittsnote berechnen kann.

c) Die Anzahl der Schüler, die die Arbeit mitschreiben, bleibt gleich. Finde eine neue Notenverteilung für eine Klassenarbeit, bei der die Durchschnittsnote 2 beträgt. Ergänze die folgende Tabelle.

Note	1	2	3	4	5	6
Anzahl						

14. Bei der letzten Klassenarbeit der Klasse 6b in Englisch hat Peter gefehlt. Die Notenverteilung der übrigen Schüler kannst du in dem folgenden Balkendiagramm ablesen.

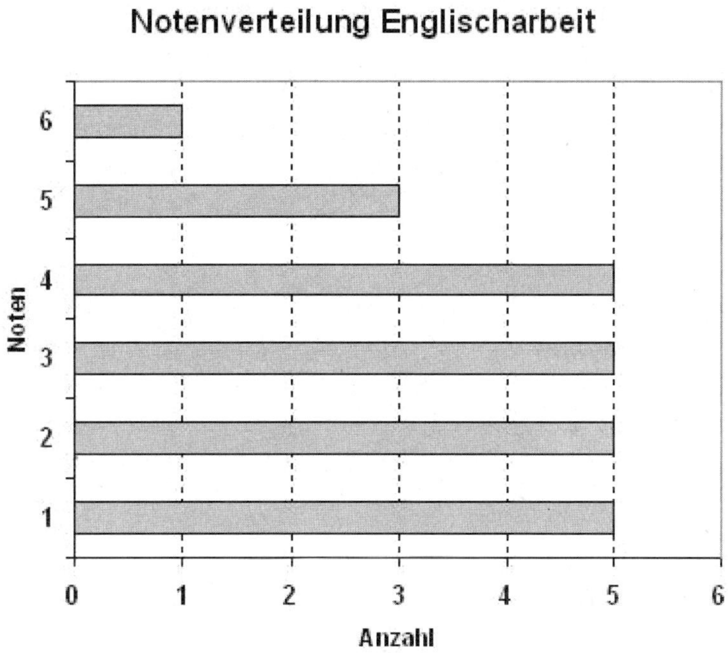

a) Wie viel Schüler sind insgesamt in der Klasse 6b?

b) Peter hat in der nächsten Englischstunde die Arbeit nachgeschrieben. Welche Note hat er geschrieben, wenn anschließend der Notendurchschnitt 3 ist? Kann Peter mit seiner Note zufrieden sein? Erstelle den neuen Notenspiegel.

Note	1	2	3	4	5	6
Anzahl						

c) Ergänze das obige Balkendiagramm mit Peters Note.

15. 

100 Hühnereier wurden bezüglich ihres Gewichtes getestet. Die Gewichte sind in der folgenden Tabelle festgehalten.

Gewicht [g]	54	56	58	60	62	63
Anzahl	1	14	13	36	20	16

Hat die Aufschrift „durchschnittliches Gewicht 60 g“ ihre Richtigkeit. Prüfe nach.

Kids

① Céline ist ein Bücherfan. Sie hat während der Woche aufgeschrieben, wie viele Seiten sie täglich gelesen hat.
Die Seitenzahlen kannst du dem Diagramm entnehmen.

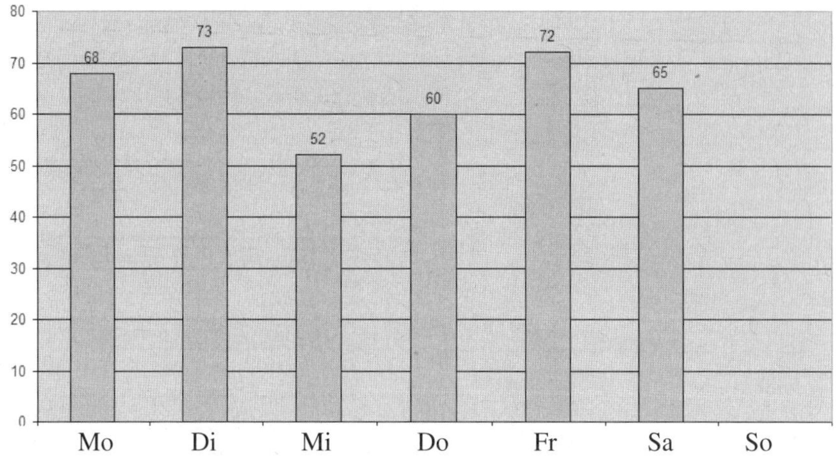

a) Wie viele Seiten muss Céline am Sonntag noch lesen, wenn sie durchschnittlich 62 Seiten pro Wochentag lesen will?

b) Ergänze das Diagramm.

c) Notiere die Seitenzahlen in einer geordneten Liste. Beginne mit dem kleinsten Wert.

d) Gib die folgenden Werte an.

Minimum: Maximum:

e) Berechne die Spannweite:

② Bei zehn Bäumen wurden folgende Durchmesser gemessen.

Alle Angaben in cm.

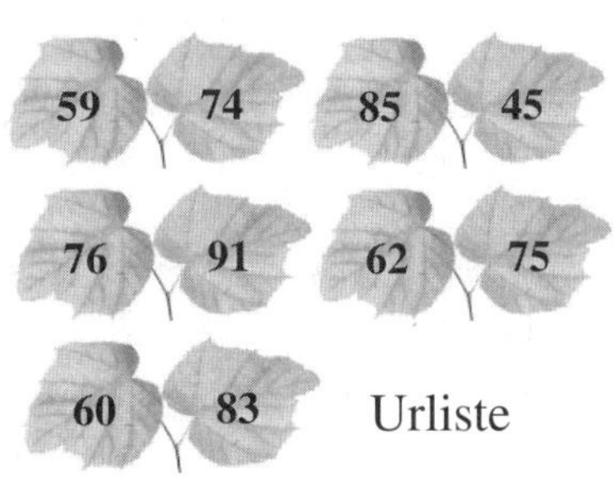

Urliste

a) Berechne den durchschnittlichen Durchmesser.

b) Sortiere die Durchmesser in einer geordneten Liste. Beginne mit dem kleinsten Wert.

c) Notiere das Maximum und das Minimum.

d) Berechne die Spannweite.

① Bei einem Vortrag über **Albert Einstein** gab es 31 Zuhörer. Beim Eingang in den Zuhörersaal wurde jeweils das Alter der Besucher notiert und in der folgenden **Urliste** festgehalten.

35	46	36	23	49	23	46	75	41	23
34	56	43	23	34	23	43	46	23	35
62	32	15	23	24	51	23	45	63	23
52									

a) Schreibe die Urliste als eine nach dem Alter geordnete Liste; beginne mit dem jüngsten Besucher.

15									

b) Welcher Platz stellt genau die Mitte der nach dem Alter geordneten Liste dar?

c) Welche Altersangabe liegt genau in der Mitte der geordneten Liste?

Bei einer ungeraden Anzahl von Datenwerten bildet ein Datenwert die Mitte des Datensatzes. Der Datenwert, der genau in der Mitte einer geordneten Liste liegt, heißt

______________________ oder ___________ des Datensatzes.

② Bei einer anderen Veranstaltung mit 24 Zuhörern entstand die folgende geordnete Liste aus den Altersangaben.

17	22	22	26	27	31	32	32
33	36	36	37	39	44	44	46
48	49	51	55	55	56	57	58

a) Welche Plätze stellen genau die Mitte der nach dem Alter geordneten Liste dar?

b) Welche Altersangabe stellt die Mitte der geordneten Liste dar?

$$\frac{\quad + \quad}{2} = \_\_\_\_\_\_$$

Bei einer geraden Anzahl von Datenwerten bilden ____ Datenwerte die Mitte des Datensatzes. Der Mittelwert dieser beiden Datenwerte ist der

______________________ oder _______________ des Datensatzes.

16. In der Obstabteilung eines Kaufhauses werden die Kartoffeln bezüglich ihres Gewichtes getestet. Alle Angaben in Gramm [g].

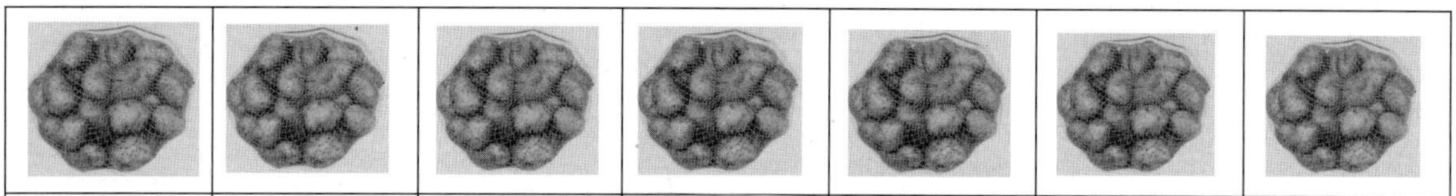

2100	2150	1960	1850	1900	2035	1970

a) Lege eine geordnete Liste an.

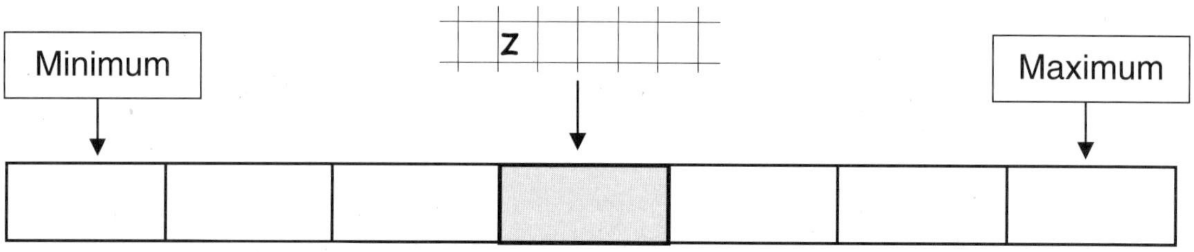

b) ❑ richtig ❑ falsch
Das mittlere Gewicht ist größer als 2 kg. Begründe deine Entscheidung.

17. Im Dauertest wird die Lebensdauer von Glühbirnen (in Stunden) getestet.

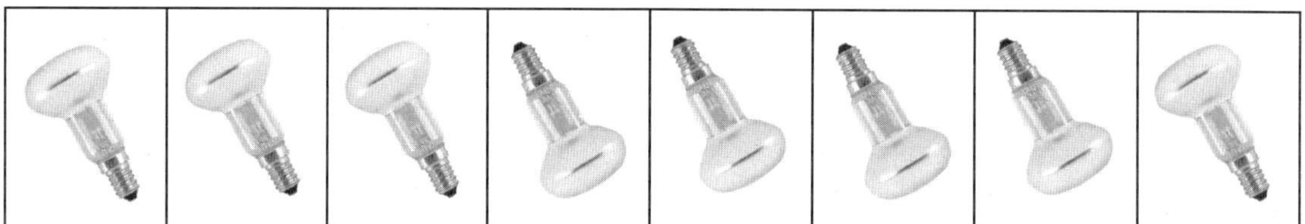

980	1140	1124	924	1104	1016	1020	1060

a) Schreibe die Urliste als geordnete Liste.

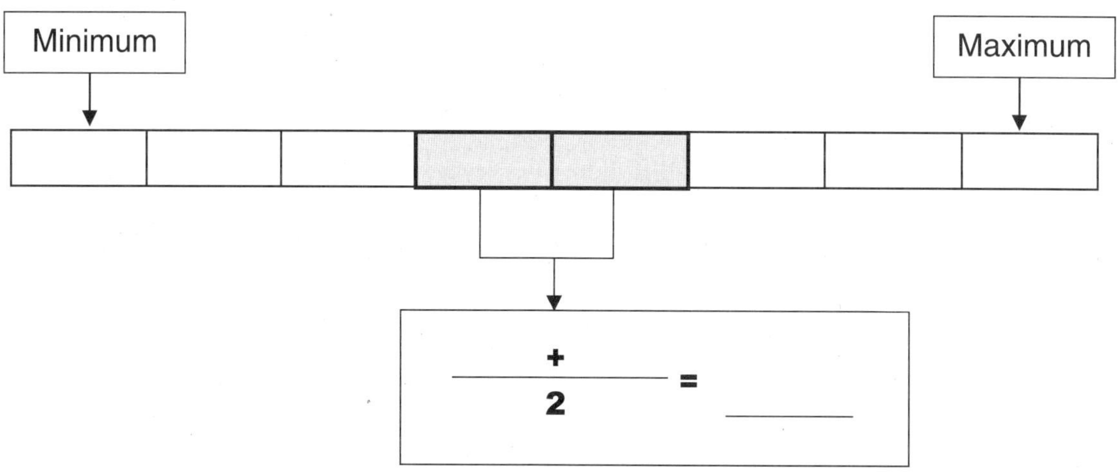

b) ❑ richtig ❑ falsch
Genau 50% der Glühbirnen liegen unter der mittleren Lebensdauer. Begründe deine Entscheidung.

18. Einige Schülerinnen und Schüler der Klasse 6a messen ihre Körpergrößen.

Urliste (Größen in cm)

165	176	170	162	175	160	172	169	163

a) Schreibe die Urliste als geordnete Liste.

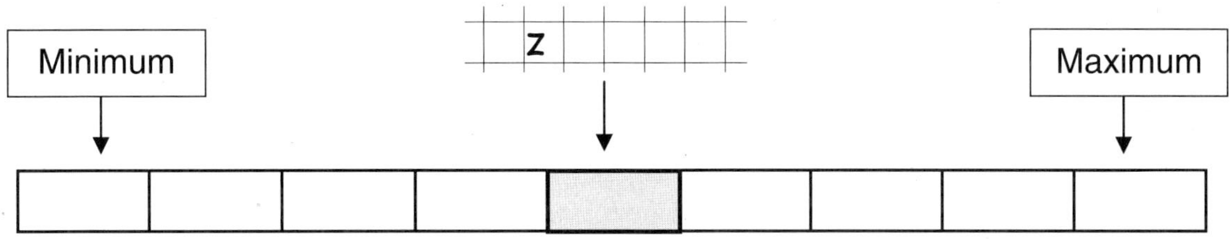

b) Gib die mittlere Körpergröße an.

19. Bei zehn neugeborenen Kindern wurden folgende Längen gemessen.

Urliste (Größen in cm)

57	54	48	52	46	50	49	53	56	47

Schreibe die Urliste als geordnete Liste.

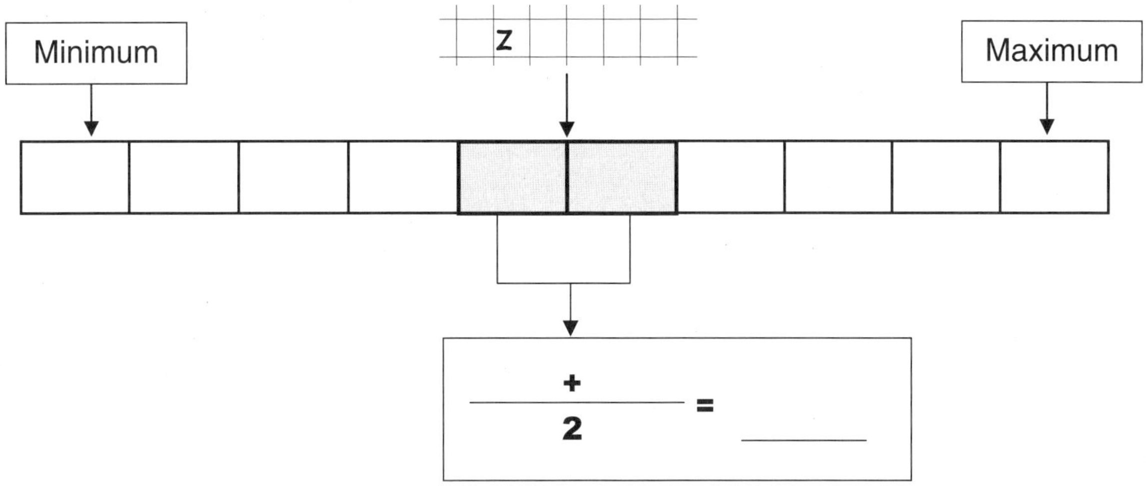

20. Die in der Urliste angegebenen Höhen wurden von 14 jährigen Jungen beim Hochsprung erzielt (Höhen in cm).

115	145	99	100	130	155	110	143	126	118
122	128	132	141						

a) Gib Minimum, Maximum und Spannweite an.

b) Vergleiche den Zentralwert z mit dem Durchschnittswert m.

21.

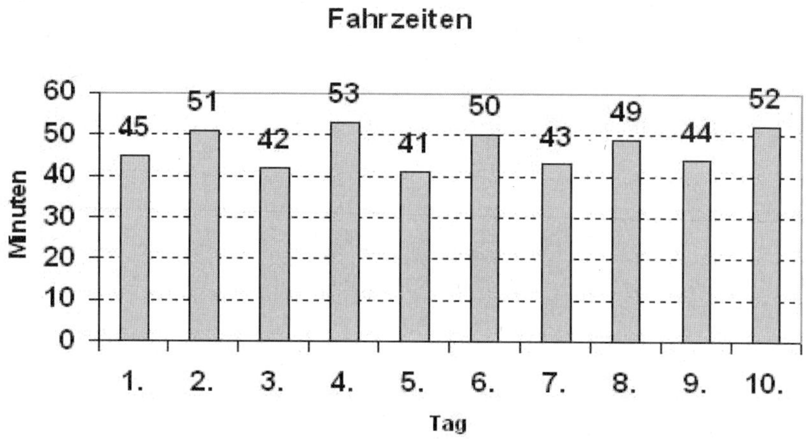

Herr Steigner notiert an zehn verschiedenen Tagen die Zeiten, die er für seinen Weg mit dem Auto zur Arbeit benötigt. Die Zeiten sind in Minuten angegeben.

a) Schreibe eine Urliste (ungeordnete Liste).

b) Berechne den Durchschnittswert.

c) Schreibe die Urliste als geordnete Liste. Beginne mit der kürzesten Fahrzeit.

d) Notiere die Streumaße Minimum, Maximum, Spannweite.

Minimum:	Maximum:	Spannweite:

e) Gib den Zentralwert z an. Schreibe auf, wie du ihn berechnet hast.

22. **LED-Leuchtmittel im Dauertest**

Die Brenndauer von LED-Leuchtmitteln wird in Dauertests fortwährend geprüft. Dabei wird aus einer Fertigungsserie willkürlich eine Anzahl von Leuchtmittel ausgewählt und in einem Dauertest die Brenndauer (in Stunden) überprüft. Das Testergebnis wird in folgender Urliste dargestellt.

22 848	19 567	21 613	20 579	24 325	23 608	4 613
21 522	17 965	25 327	22 789	23 159	19 489	24 300

a) Wie viele Leuchtmittel aus der Fertigungsserie wurden getestet?

b) Bestimme die Streumaße Minimum, Maximum und Spannweite.

c) Gib den Median dieses Datensatzes an.

d) Bestimme den Durchschnittswert des Datensatzes.

e) ❑ richtig ❑ falsch

Bei rund 60% der getesteten LEDs liegt die Brenndauer über dem Durchschnittswert.

23. Die Mitglieder eines Teams messen zu Beginn einer Untersuchung ihre Reaktionszeiten. Um die Reaktionszeit zu verbessern wurde eifrig trainiert. Du siehst im Diagramm die Reaktionszeiten vor Anwendung und nach Anwendung des Trainings.

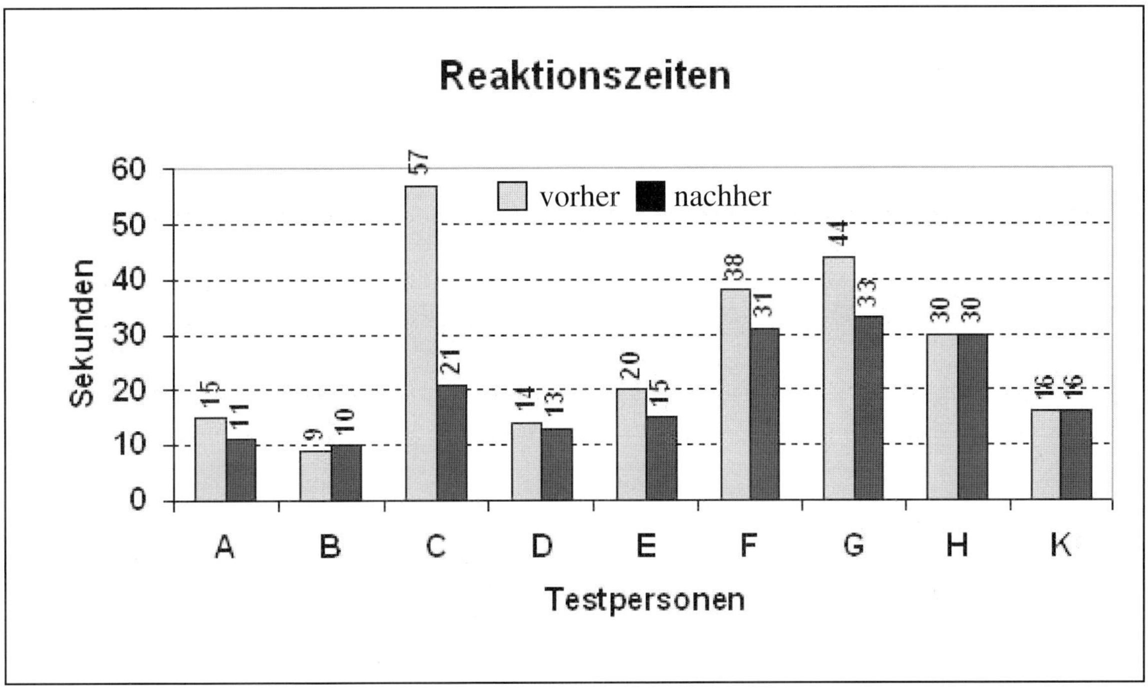

Die Arbeitsaufträge beziehen sich jeweils gesondert auf den Test **vor** und **nach** der Anwendung.

a) Berechne die durchschnittliche Reaktionszeit.

b) Lege eine geordnete Liste an.

c) Bestimme Minimum, Maximum und berechne die Spannweite.

d) Gib den Median an.

7.4 Zufällige Ergebnisse - Wahrscheinlichkeiten

Aus dem Alltag kennst du den Begriff des **Experiments**. Es gibt Experimente, bei denen kann das Ergebnis seiner Durchführung mit Sicherheit vorhergesagt werden; es gibt aber auch Experimente, bei denen der Verlauf nicht eindeutig vorhersagbar ist. Man nennt sie

Zufallsexperimente.

① Entscheide bei folgenden Vorgängen, ob das Ergebnis eindeutig vorhersagbar oder zufällig ist. Kreuze an.

Vorgang	Ergebnis ist eindeutig vorhersagbar.	Ergebnis ist zufällig.
Ein Stein wird in die Luft geworfen.		
Die Milchleistung einer zufällig ausgewählten Kuh wird gemessen.		
Eine Münze wird vor dem Beginn eines Fußballspiels geworfen.		
Wasser wird einer Temperatur von 0°C ausgesetzt.		
Ein Sportschütze zielt auf eine Scheibe.		
Beim **Mensch ärgere Dich nicht** wird mit einem Spielwürfel gewürfelt.		

② Die Chance, dass ein zufälliges Ergebnis eintritt, kann man mit Worten beschreiben.

a) Bei dem gezeichneten Glücksrad gewinnt man, wenn der Pfeil auf die gepunktete Fläche zeigt. Wie sind deine Chancen zu gewinnen? Kreuze auf der Linie eine entsprechende Stelle an.

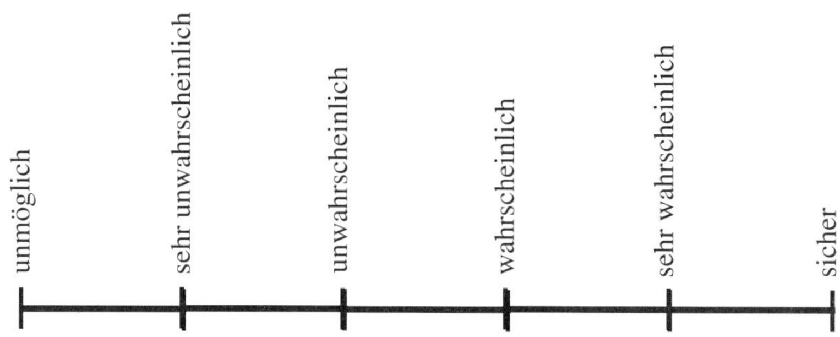

b) In sechs Urnen befinden sich jeweils zwölf Perlen, schwarze, graue und weiße. Ziel ist es, aus jeder Urne eine weiße Perle zu ziehen.

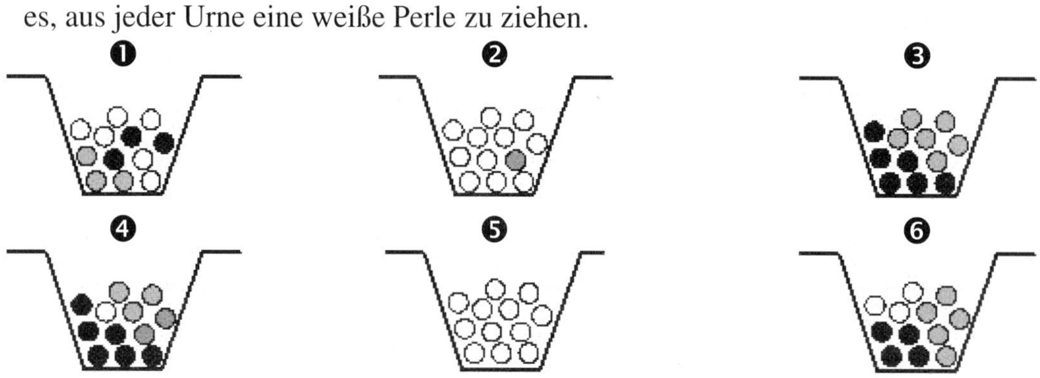

Beschreibe bei jeder Urne die Chance, eine weiße Perle zu ziehen. Setze dafür die Wörter *unmöglich, sehr unwahrscheinlich, unwahrscheinlich, wahrscheinlich, sehr wahrscheinlich, sicher* ein.

Urne ❶ Es ist ...., eine weiße Perle zu ziehen.

Urne ❷ Es ist ...., eine weiße Perle zu ziehen.

Urne ❸ Es ist ...., eine weiße Perle zu ziehen.

Urne ❹ Es ist ...., eine weiße Perle zu ziehen.

Urne ❺ Es ist ...., eine weiße Perle zu ziehen.

Urne ❻ Es ist ...., eine weiße Perle zu ziehen.

③ 

Es wird mit zwei Würfeln gewürfelt, und die Augenzahlen der beiden Würfel werden addiert.

Spielregel:
Peter darf seine Spielfigur immer dann ein Feld vorrücken, wenn die Summe der Augenzahlen 6 ist, Isabel bei der Summe 9.

a) Ergänze die folgende Ergebnisliste.

Summe der Augenzahlen	2	3	4	5	6	7	8	9	10	11	12
Möglichkeiten	1+1	1+2	1+3	1+4	1+5						
		2+1	3+1	4+1	5+1						
			2+2	2+3	2+4						
				3+2	4+2						
					3+3						
Anzahl der Möglichkeiten	1	2	3	4	5						

b) Bewerte die obige Spielregel bezüglich der Gewinnchancen. Hat Peter oder Isabel die besseren Gewinnchancen? Begründe deine Meinung.

c) Formuliere eine Spielregel, die für Peter sehr ungünstig ist.

d) Formuliere eine Spielregel, bei der beide Spieler gleiche große Gewinnchancen haben.

④ Eine Zusammenfassung von einem oder mehreren Ergebnissen nennt man **Ereignis**. Gib die Gewinnchancen an.

Zufallsexperiment	Ereignis	Gewinnchance
Glücksrad 	ein dunkles Feld	
	eine Zahl kleiner als 4	
	die Zahl 3	
	eine Primzahl	
	Zahl durch 2 teilbar	
	eine ungerade Zahl	

24. Bestimme jeweils die Gewinnchance.

Zufallsexperiment	Ereignis	Gewinnchance
a) Würfel 	eine Zahl kleiner als 5	
	die Zahl 1	
	eine Primzahl	
	eine Zahl größer als 2	
	eine gerade Zahl	

Zufallsexperiment	Ereignis	Gewinnchance
b) Urne 	Zahl durch 3 teilbar	
	eine Zahl kleiner als 3	
	eine Primzahl	
	eine gerade Zahl	

25. Ermittle die Gewinnchancen.

Zufallsexperiment	Ereignis	Gewinnchance
Urne 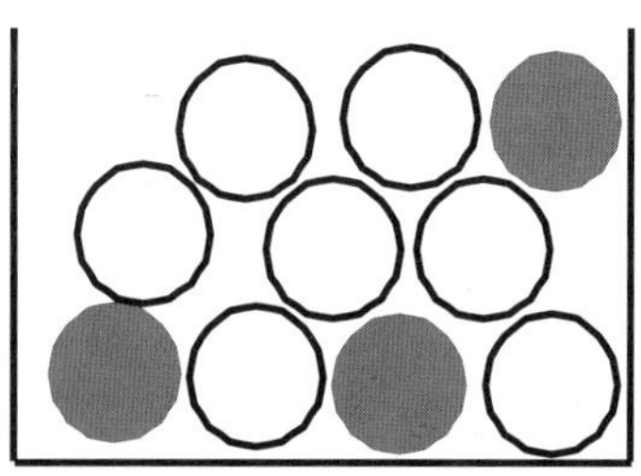	Ziehen einer weißen Kugel	
	Ziehen einer roten Kugel	

26. Ermittle die Gewinnchancen.

Zufallsexperiment	Ereignis	Gewinnchance
Kartenspiel (Skat) 	ein König	
	eine Bildkarte	
	Karo Zehn	
	eine schwarze Karte	
	eine Zahlenkarte	

27. Gib alle Ergebnisse an, die beim gleichzeitigen Würfeln mit einem hellen und einem dunklen Würfel auftreten können. Die beiden abgebildeten Ergebnisse sind bereits eingetragen.

a) Wie viele verschiedene Ergebnisse sind möglich?

b) Bei wie vielen Ergebnissen ist die Summe der Augenzahlen 5? Notiere.

c) Bei wie vielen Ergebnissen ist die Summe der Augenzahlen größer als 7? Notiere.

d) Die Augensumme lässt sich durch 3 teilen. Notiere.

	⚀	⚁	⚂	⚃	⚄	⚅
⚀						
⚁						
⚂						
⚃		4;2				
⚄	5;1					
⚅						

28. Ein Großhändler erhält 600 Kisten Apfelsinen. Er öffnet 30 Kisten und prüft nach. Bei der Stichprobe findet er fünf schlechte Apfelsinen. Wie viele schlechte Apfelsinen kann er in 600 Kisten erwarten?

29. Der Wirt eines Ausflugslokals stellt fest: Von 400 Gästen haben 220 Gäste das Menü 1 gewählt, 88 das Menü 2, 62 das Menü 3 und 30 das Menü 4. Für den kommenden Sonntag erwartet er 600 Gäste. Welche Menüwahl hat er bei 600 Gästen zu erwarten?

KidS

① Zehn Jugendliche wurden nach ihrem Taschengeld für den Monat August befragt. Ihre Antworten kannst du an dem Diagramm ablesen.

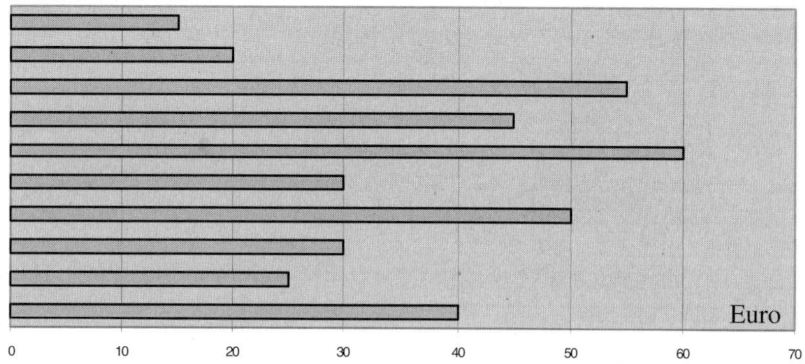

a) Schreibe die Beträge in einer geordneten Liste. Beginne mit dem kleinsten Betrag.

b) Minimum: Maximum:

c) Berechne die Spannweite: – =

d) Median: Mittelwert:

② Der Saarländische Landtag (Stand Dezember 2013).

Du siehst in der Tabelle die Sitzverteilung der Abgeordneten im Landtag.

Partei	**CDU**	**SPD**	**Grüne**	**Linke**	**Piraten**
Sitze	19	18	2	8	4

Beschrifte die senkrechte Achse des Diagramms mit der Anzahl der Sitze und ordne den Säulen die einzelnen Parteien zu.

Sitze

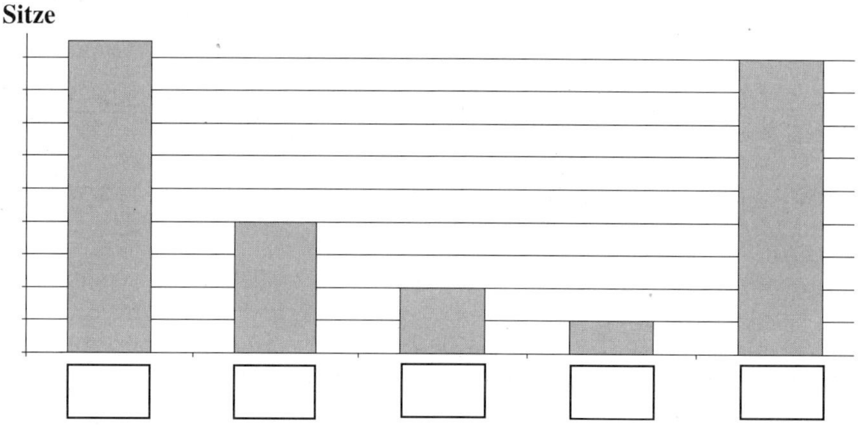

AUF EINEN BLICK

① In einem Krankenhaus wird von einem Patienten im Laufe eines Tages neunmal die Pulsfrequenz gemessen.

a) Urliste

78	76	89	59	72	74	82	65	62

b) Geordnete Liste

59	62	65	72	74	76	78	82	89

c)

Maximum: 89	Minimum: 59	Spannweite: 89 – 59 = 30	Zentralwert: 74

d) Durchschnittswert $= \frac{78+76+89+59+72+74+82+65+62}{9} = \frac{657}{9} = 73$

Durchschnittswert und Zentralwert können unterschiedlich sein.

② Stefan notiert an acht Tagen, wie lange er mit seinem Fahrrad für den Weg zur Schule benötigt.

a) Geordnete Liste:

16	17	17	18	20	21	21	22

b) Zentralwert $z = \frac{18+20}{2} = \frac{38}{2} = 19$

c) Durchschnittswert $m = 19$

Durchschnittswert und Zentralwert können gleich sein.

③ Die Tabelle zeigt die Fehlerauswertung eines Diktats.

Anzahl der Fehler	1	2	3	4	5	6	9	15
Anzahl der Schüler	5	6	3	3	2	5	3	3

a) Geordnete Fehlerliste

1	1	1	1	1	2	2	2	2	2	2	3	3	3	4
4	4	5	5	6	6	6	6	6	9	9	9	15	15	15

b) Durchschnittswert $m = \frac{5\cdot1+6\cdot2+3\cdot3+3\cdot4+2\cdot5+5\cdot6+3\cdot9+3\cdot15}{30} = \frac{150}{30} = 5$

Im Durchschnitt hat jeder Schüler fünf Fehler gemacht.

c) Zentralwert $z = \frac{4+4}{2} = 4$

Die Mitte der Fehleranzahlen bilden vier Fehler.

④ Wahrscheinlichkeiten

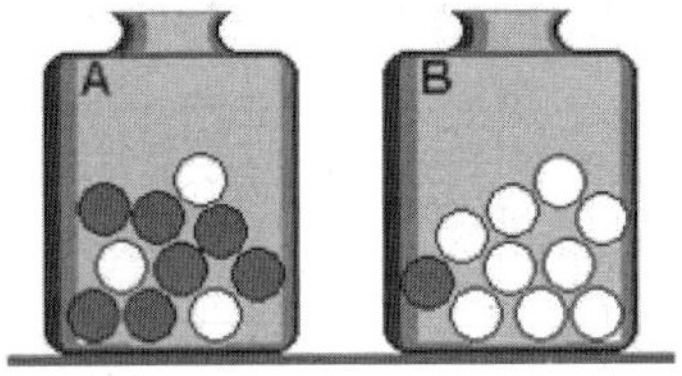

Aus einer Urne mit zehn Kugeln wird eine Kugel blind gezogen. Die Gewinnchance für das Ziehen einer ***schwarzen*** *Kugel lässt sich in Worten ungefähr beschreiben.*

Behälter A:	Von zehn Kugeln sind sieben Kugeln schwarz. Es ist **wahrscheinlich**, eine schwarze Kugel zu ziehen.
Behälter B:	Von zehn Kugeln ist eine Kugel schwarz. Es ist **unwahrscheinlich**, eine schwarze Kugel zu ziehen.

⑤ Das abgebildete Glücksrad wird gedreht.

Die Gewinnchancen der folgenden Ereignisse lassen sich als Bruch beschreiben.

Ereignis	Gewinnchance
Die Zahl ist durch 4 teilbar.	3 von 12 = $\frac{3}{12}$
Die Zahl ist eine Primzahl.	5 von 12 = $\frac{5}{12}$
Die Zahl ist größer als 10.	2 von 12 = $\frac{2}{12}$
Die Zahl ist gerade.	6 von 12 = $\frac{6}{12}$
Die Zahl ist ein Vielfaches von 3.	4 von 12 = $\frac{4}{12}$
Die Zahl ist ein Teiler von 24.	7 von 12 = $\frac{7}{12}$

8

Gleichungen

8.1 Gleich, kleiner, größer

① Auf der linken Seite des Gleichheitszeichens (=) soll dieselbe Zahl stehen wie rechts. Welche Zahl versteckt sich hinter ♥ ?

$$5 + ♥ = 21 - ♥$$

♥ =

② Auf jeder Seite des Gleichheitszeichens (=) soll die gleiche Anzahl von Kugeln liegen. In jedem Gefäß mit der Aufschrift *x* liegt dieselbe unbekannte Anzahl von Kugeln.
Finde heraus, wie viele Kugeln sich jeweils in einem Gefäß mit der Aufschrift *x* befinden.

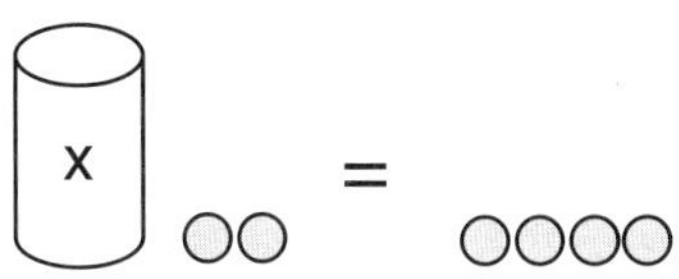

x =

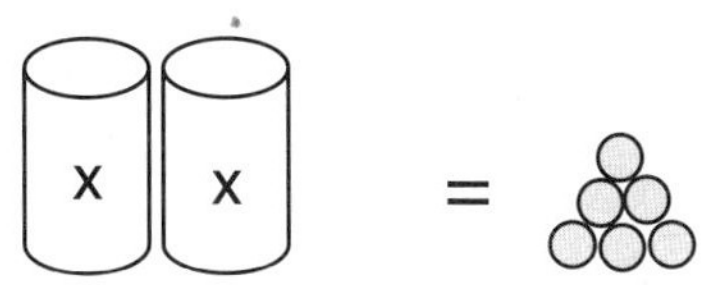

x =

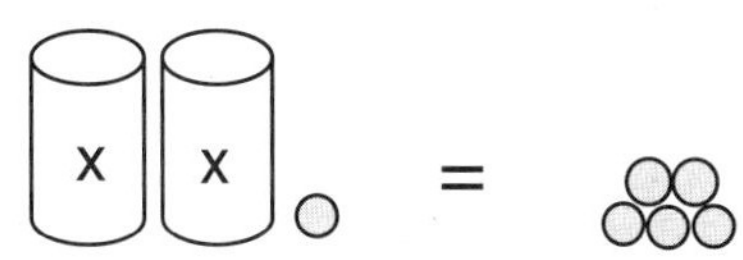

x =

③

Mit welchen natürlichen Zahlen kann ich 8 multiplizieren, um eine Zahl kleiner 56 zu erhalten?

Ich denke mir natürliche Zahlen. Wenn ich die Zahlen halbiere, erhalte ich immer noch eine Zahl größer 6. Gib die kleinste Zahl an, die ich mir ausdenken kann.

④

x	x · x	x + 20
1		
2		
3		
...		

Wann ist x · x genauso groß wie x + 20?

x	x · x	20 – x

Wann ist x · x genauso groß wie 20 – x ?
Lege dir eine Tabelle an.

8.2 Balkenwaage und Gleichungen

① Mit einer Balkenwaage kann man Gegenstände (Kugeln, Würfel usw.) wiegen

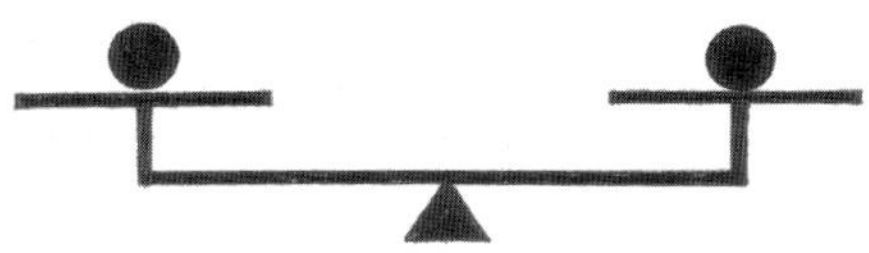

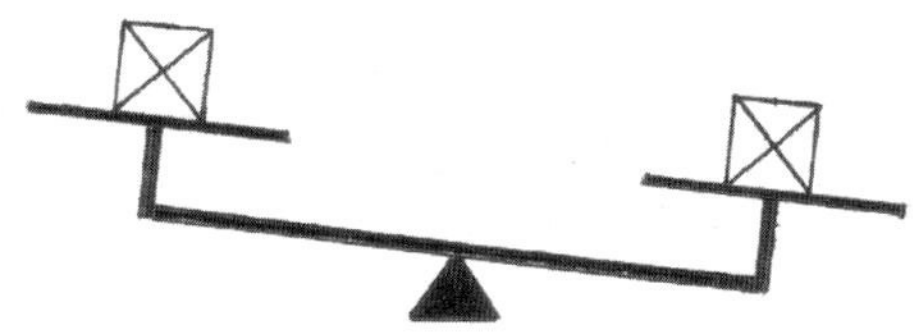

Beschreibe jeweils das Wiegeergebnis. Begründe deine Aussagen.

② Beschreibe jeweils die Tätigkeit in Worten und gib die mathematische Schreibweise an.

Bild	Beschreibung in Worten	mathematische Beschreibung
Ausgangssituation ○ entspricht 1 kg 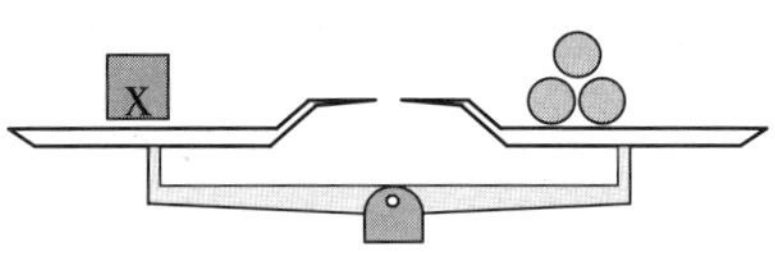	Das unbekannte Gewicht x wird bestimmt.	x = 3
a) **1. Tätigkeit** 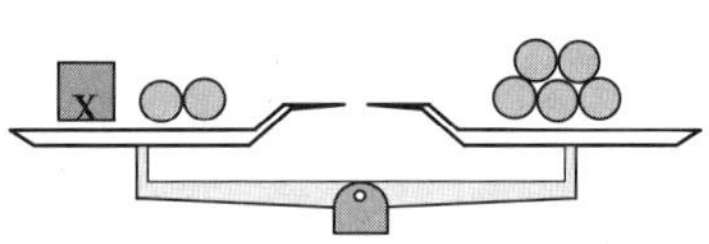		=
b) **2. Tätigkeit** 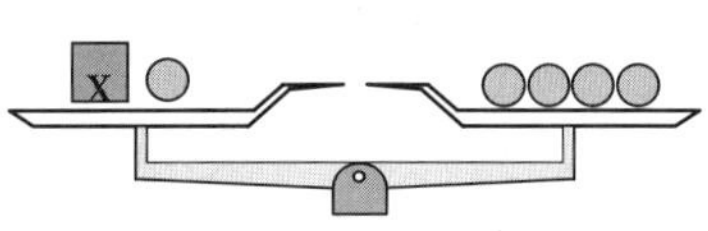		=
c) **3. Tätigkeit** 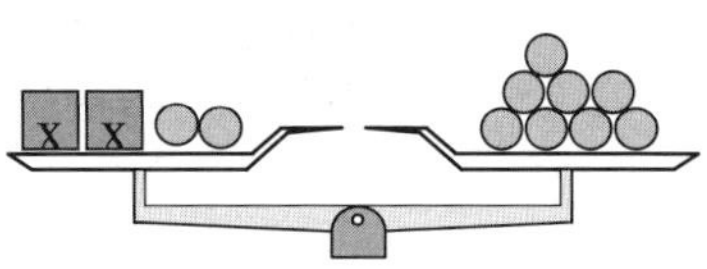		=
d) **4. Tätigkeit** 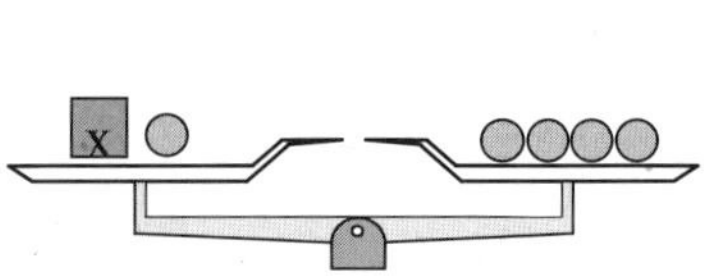		=

③ Schreibe alle Tätigkeiten auf, die man an einer Balkenwaage machen kann, ohne dass sie aus dem Gleichgewicht kommt.

a)
b)
c)
d)

1. Räume die Balkenwaage so ab, dass du die Lösung für x ablesen kannst.

a)

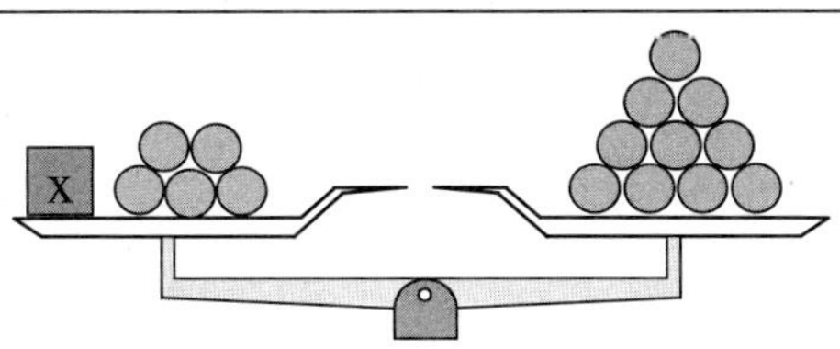

x =

b)

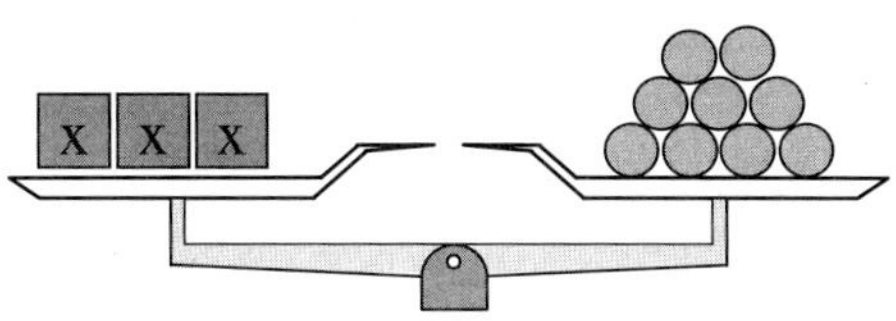

x =

c)

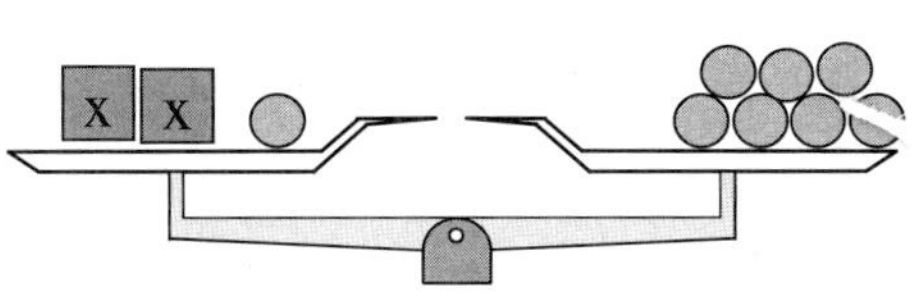

x =

d)

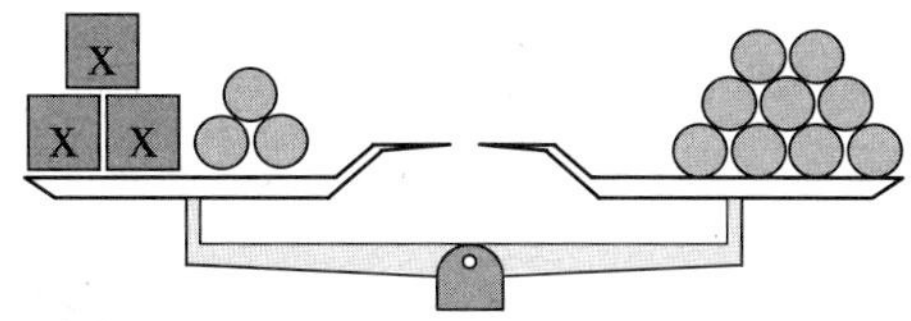

x =

e)

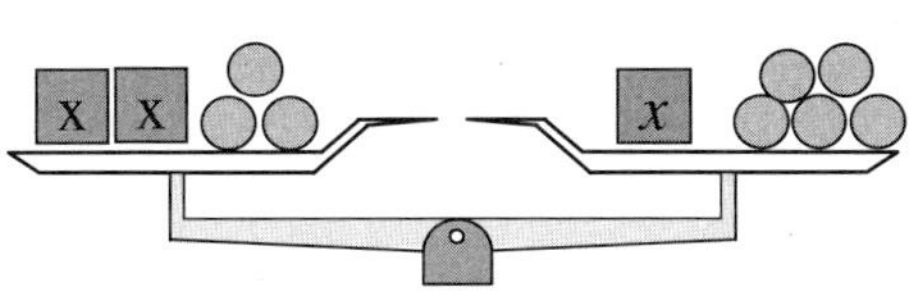

x =

f)

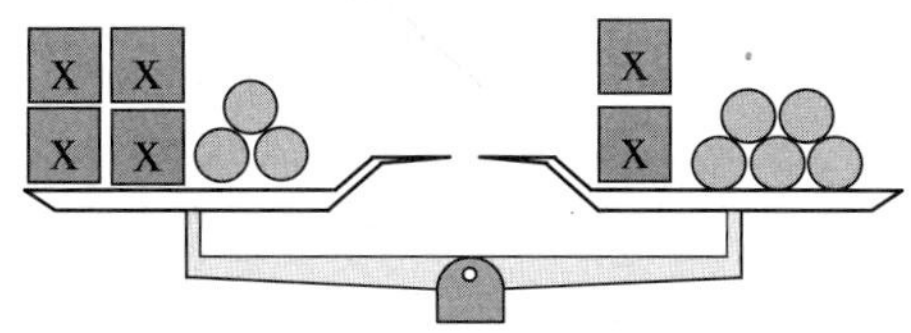

x =

2. Stelle die Gleichungen bildlich dar und bestimme die Lösung *x*.

a) $x + 1 = 4$ b) $3 \cdot x + 1 = 10$ c) $2 \cdot x = 6$

d) $2 \cdot x + 1 = 5$ e) $3 \cdot x = 6$ f) $x + 2 = 4$

3. Übertrage die Wortform in eine mathematische Gleichung und bestimme x.

a) Wenn man das Doppelte einer unbekannten Zahl um 1 vermehrt, erhält man 7.

b) Das Vierfache einer Zahl beträgt 20.

4. Gleichungen mit Brüchen lösen.

Ergänze die Tätigkeit in Worten und gib die mathematische Schreibweise an.

x = unbekannte Menge x

	Bild	Beschreibung in Worten	mathematische Beschreibung
a)	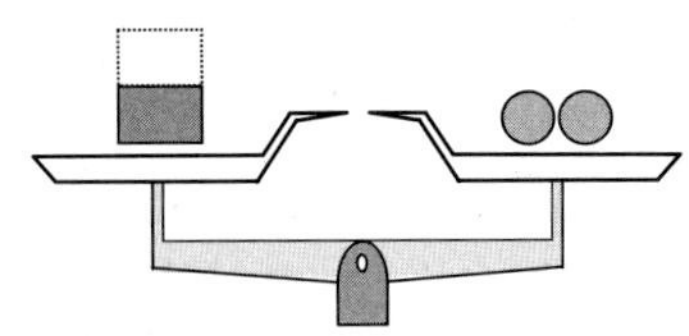	Die **Hälfte** einer unbekannten Menge ist 2.	$\frac{1}{2} \cdot x = 2$ x =
b)	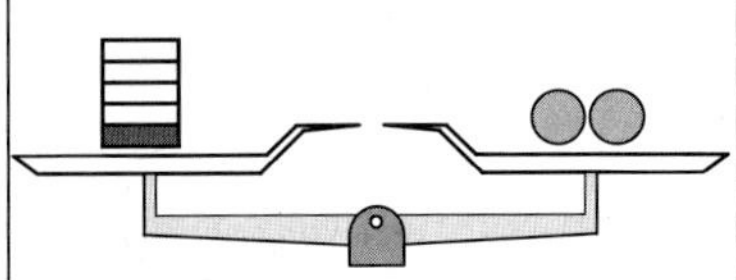		______ x =
c)	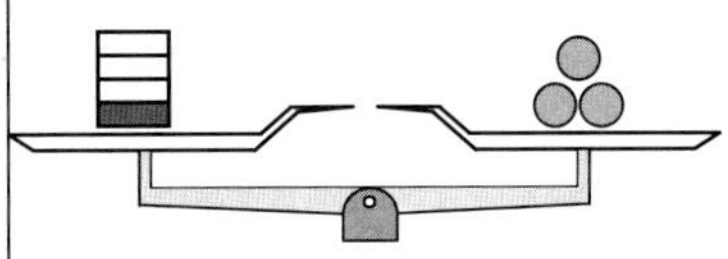		______ x =
d)	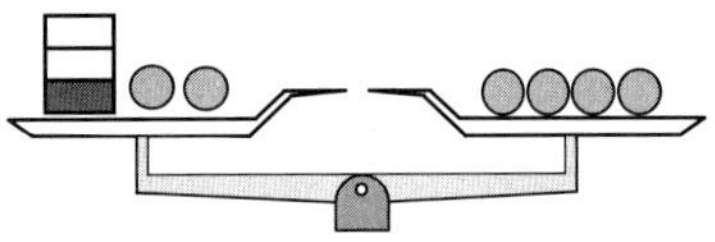		______ x =
e)	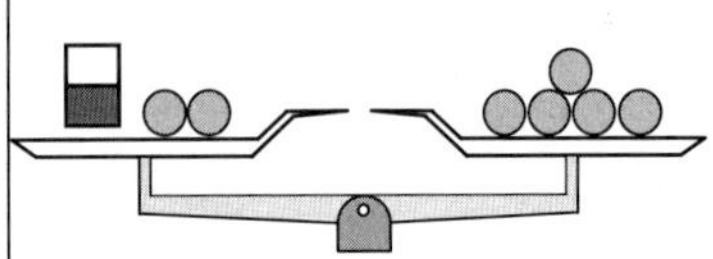		______ x =
f)	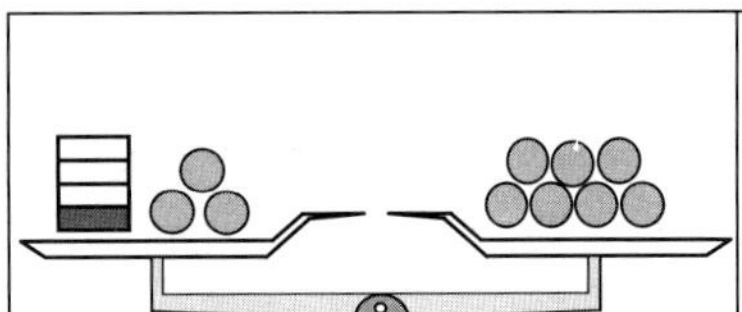		______ x =

5. Stelle die Gleichungen bildlich dar und bestimme die Lösung x.

① $\frac{1}{4} \cdot x = 1$ ② $\frac{1}{2} \cdot x + 1 = 3$ ③ $\frac{1}{5} \cdot x + 1 = 3$

6. Übertrage die Wortform in eine mathematische Gleichung und bestimme x.

a) Die Hälfte einer unbekannten Zahl, vermehrt um 3, ergibt 5.

b) Wenn man zum vierten Teil einer Zahl die Zahl 2 addiert, erhält man 6.

7. Folgende Formeln sind dir aus der Geometrie bekannt.

	Umfang U	Flächeninhalt A
Quadrat	$U = 4 \cdot a$	$A = a \cdot a$
Rechteck	$U = 2 \cdot (a + b)$	$A = a \cdot b$

Bilde jeweils mithilfe der Formel eine Gleichung und löse sie.

a) Der Umfang U eines Quadrats ist 28 cm lang. Wie lang ist die Seite a des Quadrats?

b) Der Flächeninhalt A eines Quadrats beträgt 25 cm^2. Wie lang ist die Seite a des Quadrats?

c) Der Umfang U eines Rechtecks hat eine Länge von 36 cm, die Seite a ist 8 cm lang. Welche Länge hat die Seite b?

d) Der Flächeninhalt A eines Rechtecks beträgt 56 cm^2, die Seite b ist 8 cm lang. Wie lang ist die Seite a?

8. Der Flächeninhalt A eines Rechtecks beträgt 36 cm^2. Chris legt eine Tabelle an, um alle Rechtecke mit diesem Flächeninhalt zu erhalten. Die Seitenlängen a und b sollen dabei natürliche Zahlen sein.

a) Führe die folgende Tabelle fort, bis du alle Rechtecke gefunden hast.

Seite a	Seite b	Flächeninhalt $a \cdot b$
1 cm	36 cm	36 cm^2
2 cm	18 cm	36 cm^2
		36 cm^2
		36 cm^2
		36 cm^2

b) Wie viele Rechtecke mit dem Flächeninhalt 36 cm^2 gibt es?

9. Ein Schmuckdesigner formt aus 50 cm Silberdraht Halsschmuck für Mädchen. Die folgenden Formen sind Verkaufsfavoriten.

Stelle eine Gleichung auf und berechne jeweils die Seitenlänge x.

a)

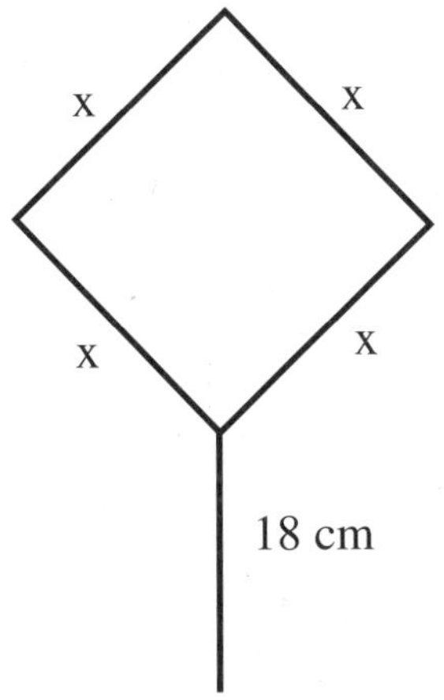

b)

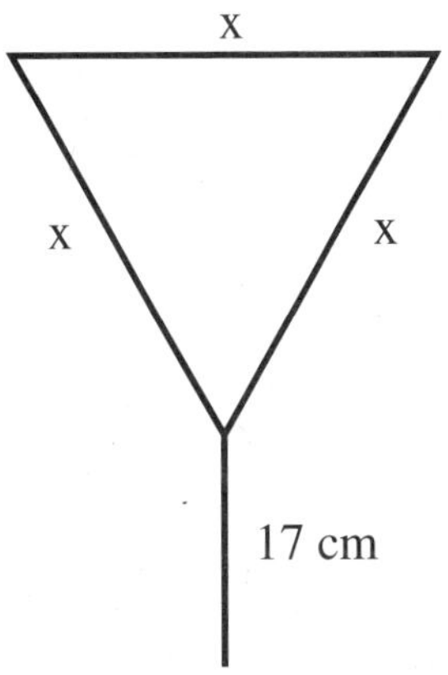

8.3 Gleichungen lösen mithilfe einer Tabelle

Mithilfe einer Tabelle kannst du durch systematisches Probieren die Zahl x finden, die die Gleichung löst.

① Gleichung

$2 \cdot x = 8$

x	$2 \cdot x$	8	r / f
1			
2			
3			
4			

Lösung: x =

② Gleichung

$2 \cdot x + 3 = 9$

x	$2 \cdot x + 3$	9	r / f
1			
2			
3			
4			

Lösung: x =

③ Gleichung

$3 \cdot x = x + 10$

x	$3 \cdot x$	$x + 10$	r / f
1			
2			
3			
4			
5			

Lösung: x =

④ Gleichung

$x \cdot x = x + 20$

x	$x \cdot x$	$x + 20$	r / f
1			
2			
3			
4			
5			

Lösung: x =

Für gute Rechner

① Löse die Gleichung $3 \cdot x - 5 = x + 11$ mithilfe der folgenden Tabelle.

a) Ergänze die Lücken in der Tabelle.

x	$3 \cdot x - 5$	$x + 11$	Unterschied
1	---	12	---
2	1	13	12
3	4	14	10
4			
5			
6			
7			
8			
9			

b) In welcher Schrittgröße wachsen die Zahlen in der Spalte $3 \cdot x - 5$, in welcher Schrittgröße in der Spalte $x + 11$?

c) In welcher Schrittgröße vermindern sich die Zahlen in der Spalte „Unterschied“?

d) Setze die Spalte „Unterschied“ gedanklich fort und gib die Lösung der Gleichung an.

② Löse die folgenden Gleichungen mithilfe einer Tabelle.
Wende dieselbe Strategie wie in der vorangehenden Aufgabe an.

a) $2 \cdot x - 4 = x + 4$ b) $2 \cdot x - 2 = x + 7$ c) $2 \cdot (x - 1) = 3 + x$

③ In einer Mathematikprüfung gibt es einen schriftlichen und danach einen mündlichen Teil. Für jeden Teil kann man 0 bis 15 Punkten erreichen.

Um den schriftlichen Teil stärker als den mündlichen Teil zu gewichten, werden die Punkte des schriftlichen Teils verdoppelt. Die Gesamtpunktzahl P der Prüfung wird mithilfe folgender Formel berechnet:

$$P = (2 \cdot s + m) : 3 .$$

Dabei ist s Punktzahl im schriftlichen und m die Punktzahl im mündlichen Prüfungsteil.

Vervollständige die folgende Tabelle.

	s	m	P
Judith		6	8
Alexander	14		12

Kids

① Wie viele Streichhölzer musst du jeweils in eine Schachtel legen, damit auf beiden Seiten die gleiche Anzahl liegt. Jede Schachtel muss die gleiche Anzahl haben. Schreibe zuerst als Gleichung.

☹ 😐 ☺

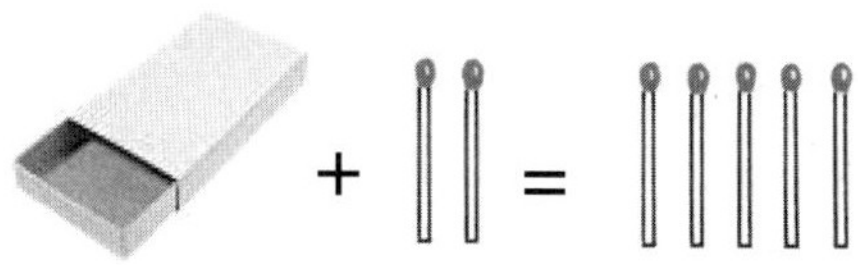

_ + _ = _

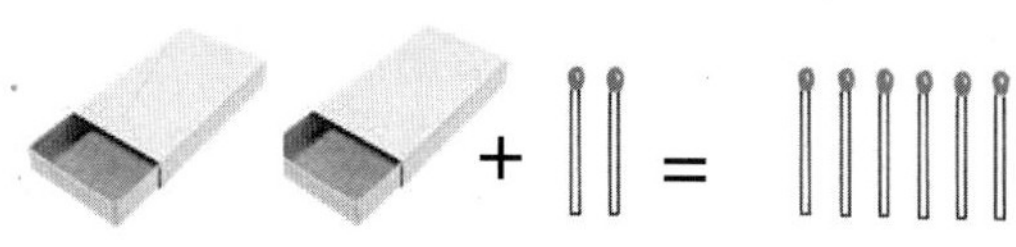

_ + _ = _

②

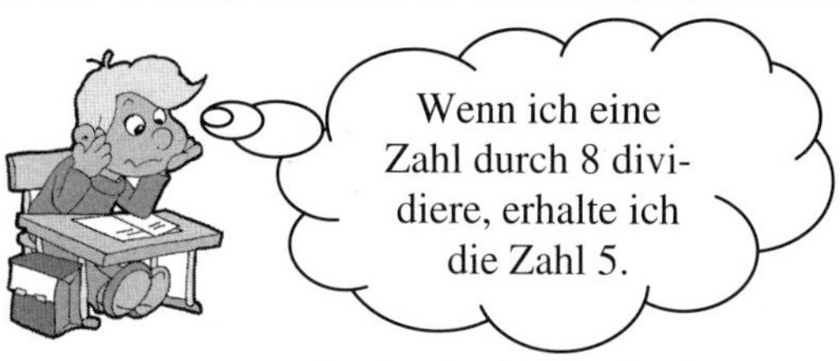

_ : _ = _

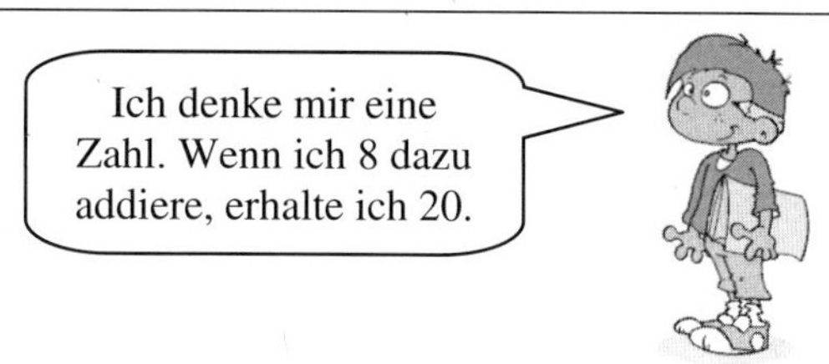

_ + _ = _

☹ 😐 ☺

③ Löse die Gleichung mithilfe der Tabelle.

☹ 😐 ☺

Gleichung

$\frac{1}{3} \cdot x + 2 = 4$

x	$\frac{1}{3} \cdot x + 2$	4	r / f
3			
6			
9			
12			

Lösung: x =

④ Löse die Gleichung am Waagemodell.
Notiere jeweils die mathematische Schreibweise.

☹ 😐 ☺

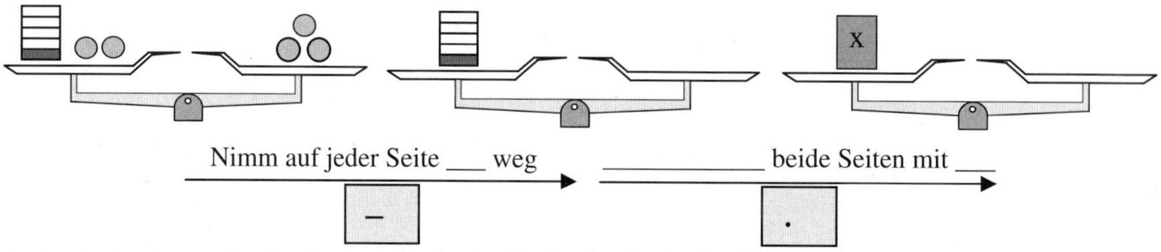

_ = _   _ = _   x =

Index

ISBN 978-3-942896-02-3

9 783942 896023

SOFTFRUTTI
verlag